El baile
flamenco

José Luis Navarro García y Eulalia Pablo Lozano

EL BAILE FLAMENCO

UNA APROXIMACIÓN HISTÓRICA

SEGUNDA EDICIÓN

ALMUZARA
2010

Primera edición: noviembre de 2005
Primera reimpresión: marzo de 2010

Colección Flamenco • Serie Baile
Directora de colección: Génesis García
Consejo Asesor:
Luz Casal
Cristina Cruces
Mayte Martín
Juan Peña "El lebrijano"
Alfonso Eduardo Pérez Orozco
Miguel Ángel Berlanga

Editorial Almuzara
Director editorial: Antonio E. Cuesta López
www.editorialalmuzara.com
pedidos@editorialalmuzara.com - info@editorialalmuzara.com

Imprime: Gráficas La Paz

ISBN 10: 84-88586-15-9
ISBN 13: 978-84-88586-15-5
Depósito Legal: CO-1257-05
Hecho e impreso en España - *Made and printed in Spain*

INTRODUCCIÓN

La historia del baile flamenco es la historia de Andalucía. En él se han fundido en perfecto maridaje las sabidurías y destrezas bailaoras de cuantos pueblos y culturas han habitado los territorios que se extienden desde Huelva a las costas de Murcia y desde las arenas atlánticas y mediterráneas hasta Despeñaperros, la meseta castellana y Cáceres. Es una manifestación secularmente abierta a todos los aires musicales y dancísticos del mundo, una criatura mestiza y universal que ha crecido y se ha enriquecido bebiendo de todos los manantiales de la danza. Una criatura que tiene brazos de andaluza, pies de gitana y caderas de negra. Porque de Andalucía aprendió a mover los brazos y a hacer filigranas con las manos. Y a tocar los palillos. De los calés a zapatear en un palmo de tierra. Y de los negros el zarandeo y la voluptuosidad. Luego, fue reina de los cafés de cante de finales del XIX y en ellos adquirió una fisonomía propia, distinta a cuantas manifestaciones danzarias se han dado en el ancho mundo. Es además un arte que conjuga el dominio de pasos, movimientos y compases con la expresión de los más diversos y profundos estados del alma. Un arte depurado y maduro que requiere unos sólidos cimientos técnicos, pero que no se deja ahogar por sus exigencias y busca siempre la frescura de lo irrepetible. Un ser que sigue hoy tan vivo como cuando vio las primeras luces allá por los años centrales del XIX. Un ser que no ha dejado de enriquecerse con lo que han inventado e inventan quienes nacieron con el don de la creatividad.

1. Bailes andaluces

En Andalucía, el baile ha sido siempre el protagonista principal de todo tipo de celebraciones y festejos. Se ha bailado en los acontecimientos de la vida familiar, en santos, bodas y nacimientos, aunque en realidad nunca ha hecho falta ni una excusa ni un motivo puntual para que, al rasguear una guitarra, dos andaluces se pusieran en jarras y se cortejasen con mudanzas de baile.

Ventas, posadas, bailes de candil y salones de gente principal

Todo corral de vecinos ha sido testigo de estos improvisados encuentros. Se ha bailado, cualquier día de la semana, pero especialmente los festivos, en grandes salas iluminadas con candiles –los famosos bailes de candil– y se ha bailado en ventas y posadas. Se ha bailado también en los salones de las clases nobles y acomodadas, porque, por mucha alcurnia que tuviese su apellido, ninguna andaluza le ha hecho nunca ascos a un buen fandango. Buena prueba de ello son las palabras que siguen, escritas por el francés Étienne François de Lantier en su *Viaje a España del caballero Saint-Gervais* y publicadas en 1809:

Esos graves minués disipaban ya los vapores del aburrimiento, cuando una guitarra, unida a dos violines, hizo oír el riente fandango. Ese aire nacional, como una chispa eléctrica, hirió, animó todos los corazones; casadas, solteras, jóvenes, viejos, todo pareció resucitar, todos repetían ese aire tan poderoso sobre los oídos y el alma de un español.

Teatros y cómicos

Y, por supuesto, se ha bailado sobre las tablas de los teatros. Allí han sido precisamente los bailes los que, unas veces formando parte de tonadillas, sainetes y entremeses y otras como elemento único del entreacto, han hecho las delicias de los públicos y han garantizado la permanencia en cartel de más de una comedia.

Por eso, para ser cómico –y más aún cómica– se necesitaba no sólo saber declamar un texto y saber algo de música, sino ser capaz de bailarse unas buenas seguidillas. Luis Quiñones de Benavente lo dejó muy claro, en 1635, en su entremés *Los alcaldes encontrados*, cuando escribió:

Qué diestras cuatro mozuelas
van ocupando sus puestos,
dando el cabello a los aires
grande, limpio, rizo y negro.
Cantando están de lo fino,
bailando van de lo nuevo,
juntando en dulce armonía
gracia, baile, tono y versos.

Y fueron también estos cómicos los primeros en empezar a codificar los bailes que habían de ejecutar en aquellos corrales de comedias de los siglos centrales del primer milenio. Los bailes que hacía el pueblo del que ellos también formaban parte. Se establecía así un fértil diálogo entre los mozos y mozas andaluces y los primeros profesionales de la danza. Los cómicos depuraban lo demasiado tosco, enriquecían con detalles personales y ponían reglas a los bailes del pueblo y el pueblo se fijaba en ellos y, copiándole sus cosas, volvía a hacer suyo lo que antes lo había sido, o dicho en palabras de don Miguel de Cervantes, "bailaban al modo como se canta y baila en las comedias". Después, el pueblo se saltaba alguna que otra reglilla para hacerlos todavía más suyos y darles esa frescura y espontaneidad que siempre ha caracterizado las cosas populares. Y luego, vuelta a empezar. Los cómicos volvían a llevar a las tablas las versiones que recogían de la calle y la calle mejoraba, fijándose en ellos, sus propias mudanzas. Así, generación tras generación. Es más, los bailes tenían vida propia. Alcanzaban la máxima popularidad por un tiempo, para después, poco a poco, ir siendo olvidados y sustituidos por otros nuevos. Pero el patrimonio de pasos y movimientos no cesaba de aumentar para bien de la danza.

Joaquín Domínguez Bécquer. *Baile en un mesón*.

Seguidillas, fandangos y jácaras

De todos esos bailes, ha sido la seguidilla el más longevo –todavía goza de una muy envidiable salud con la denominación de "sevillana"–, acompañado muy de cerca por el fandango. Otros fueron las jácaras, un baile de pícaros íntimamente ligado al romance y posiblemente el antecedente más cercano a lo que después se llamó jaleo y hoy se conoce por bulería; el escarramán, probablemente una jácara con nombre propio; la montoya, de Sevilla; la tárraga, malagueña; y la capona, cordobesa. Todos ellos llenaron de alegría y desenfado los siglos XVI y XVII.

Boleras y boleros de renombre

Luego, ya entrado el XVII, cuando, para ser estrella de una compañía teatral, hubo la necesidad de conocer y dominar los bailes en boga, los más adelantados en pasos y mudanzas se convirtieron en maestros de danzar y enseñaron bailes más reglados aún, para que, llegado el siglo XIX, surgiesen los verdaderos especialistas en el arte de Terpsícore y, con la denominación de boleras y boleros, se adueñasen de los mejores escenarios de la corte y de las ciudades principales. De todos ellos, cabe destacar a María Antonia Vallejo Fernández *la Caramba*, Mariana Márquez, Josefa Pineda *la Jerezana*, La Sevillana, María de la Chica *la Granadina*, la sevillana Josefa Pérez, la malagueña María Cardona y las gaditanas Faustina de Silva y María del Carmen *la Condesita*.

Después, por una de esas casualidades de la vida –la muerte de Fernando VII y el consiguiente cierre del Teatro Real– los mejores y más afamados boleros del país tuvieron que buscar otros escenarios de categoría y así es cómo y por qué en 1833 desembarcaron en París Dolores Serrall y Mariano Camprubí y deslumbraron a todos con sus danzas. Abrían así las puertas de los mejores coliseos de Europa a la danza andaluza. Luego serían las sevillanas Manuela Perea *la Nena* y Petra Cámara y la gaditana Josefa Vargas las que se encargarían de levantar de sus asientos a los espectadores de Londres, París y San Petersburgo con sus interpretaciones de los dos bailes andaluces más populares de aquellos tiempos: la cachucha y el jaleo de Jerez.

2. Bailes de gitanos

Desde que, allá por 1425, cruzan los gitanos los Pirineos e inician su viaje al sur, han sabido convertir su extraordinaria habilidad para la interpretación de cantes y bailes en una de las formas más rentables de ganarse la vida. Sus excepcionales dotes para el mundo del espectáculo les han ido permitiendo, además, ser aceptados, adaptarse a una vida sedentaria y poner fin a su errante peregrinar. Es cierto que muy pronto se promulgan pragmáticas contra ellos –la primera data de 1499 y la dictan los Reyes Católicos–, pero también lo es que, gracias a su extraordinaria valía como artistas, se ganaron las voluntades de muchos, lograron que pocos echasen cuenta a los edictos reales y que los que estaban en condiciones de castigarlos les perdonasen los pequeños hurtos a los que desde siempre tan dados han sido.

Troupes familiares

Sus repertorios no han sido otros que los bailes populares que iban aprendiendo en cada lugar. Después se encargarán de añadirles las peculiares características de su propia idiosincrasia hasta convertirlos en mercancía propia. Formaban compañías familiares o *troupes*, con las que se bastaban para crear sus funciones, repartiéndose entre ellos los distintos papeles: unos cantaban, otros tocaban y las jóvenes bailaban, encandilando con su voluptuosidad y su exotismo al público que se arremolinaba a su alrededor. La dirección corría a cargo de la más respetable y experimentada, generalmente una vieja, a la que llamaban la *capitana* y que se cuidaba muy mucho de sacarle la mayor rentabilidad a cada ocasión. Cervantes nos ofrece en su *Gitanilla* un elocuente ejemplo de una de estas funciones. Cuando le ofrecen a Preciosa "un doblón de oro de a dos caras" para que baile, don Miguel nos dice:

Apenas hubo oído esto la vieja, cuando dijo:

–Ea, niñas, haldas en cinta, y dad contento a estos señores.

Estas *troupes*, con su capitana a la cabeza, organizaban sus bailes en cualquier calle o plaza de cada pueblo o, siempre que eran requeridas para ello, servían su arte "a domicilio", en los salones de la gente principal e influyente. Cuando los hacían en público, despertaban una expectación extraordinaria, llegando a reunir corros de más de doscientas personas.

Sus danzas estaban asimismo presentes en todo tipo de celebraciones cívicas y religiosas. Con sus bailes honraban a las patronas y las imágenes más veneradas de las localidades que recorrían en sus "giras" artísticas y las hacían también a instancias de las autoridades de muchos pueblos y ciudades en las fiestas señaladas, en Navidad y, sobre todo, en la procesión del Corpus.

Bailes al modo de los gitanos

Los bailes se ejecutaban generalmente por parejas, aunque esto no impedía que las más consumadas en el oficio hiciesen sus "solos". Variados eran los instrumentos utilizados para acompañar el baile: castañetas, sonajas, panderos, guitarras y tamboriles, así como los pasos, mudanzas y zapateados que hacían al compás de sus guitarras. Había vueltas en redondo, voladizos, lazos, cruzados y zapateados. Y, muy frecuentemente, los bailarines cantaban y jaleaban al tiempo que bailaban.

Por las noticias que encontramos, tanto en las tonadillas escénicas protagonizadas por gitanos como en las acotaciones teatrales con recomendaciones dirigidas a los cómicos que habían de interpretar bailes "al modo de los gitanos", sabemos cuál era el repertorio de bailes interpretado en esta época por los gitanos auténticos: romances y seguidillas, el baile nacional por excelencia en este momento. Es decir, los mismos que se exhibían en los teatros de todo el país, que eran, a su vez, reflejo de los que bailaban las capas populares en sus fiestas y celebraciones. Bailes que, con el correr de los tiempos, irían evolucionando o siendo sustituidos por otros. Junto a ellos, hacían también danzas que, procedentes del continente africano, habían pasado a engrosar el repertorio dancístico de nuestro país y que gozaban, por tanto, del aprecio del pueblo, especialmente la zarabanda y la chacona. Hubo también estribillos –"A la dina dana, la dana dina" es el más conocido–, y pasos que han quedado asociados a sus bailes y a su forma de hacerlos. De estos es, sin duda, el zapateado el más significativo. Fue conocido como "pisar el polvillo" y lo fundamental en él era la rapidez, agilidad y gracia con que se golpeaba el suelo. Así se desprende del estribillo que se solía emplear con estos movimientos y que recoge Cervantes en *Los alcaldes de Daganzo.*

Pisaré yo el polvico
atán menudico;
pisaré yo el polvó
atán menudó.

Estas gitanillas del XVII estaban llevando a cabo la primera fusión histórica: la de sus formas interpretativas con los pasos y movimientos de los bailes populares españoles. Estaban preludiando lo que, dos siglos después, serían las "escobillas" flamencas.

Autoras de danzas

Pocos años después, hacia la mitad del XVIII, disponemos ya de documentos que nos facilitan nombres de gitanas de carne y hueso que se ganaban la vida dirigiendo –se las llamaba "autoras de danzas"– e interpretando bailes. El más relevante de estos escritos se lo debemos a don Jerónimo de Alba y Diéguez, que nos dejó un cuaderno manuscrito que tuvo la ocurrencia de titular *Libro de la gitanería de Triana de los años 1740 a 1750 que escribió el Bachiller Revoltoso para que no se imprimiera,* pero que, afortunadamente, ha visto la luz en 1995.

Por él, sabemos de las actividades artísticas que protagonizaban por aquellos años los gitanos de Triana, que no desperdiciaban ninguna

F. Bohm. *Gitanos húngaros*.

oportunidad de organizar festejos tanto para sus vecinos como para los visitantes de aquel arrabal de Sevilla y que, no contentos con esto, los "comercializaban" para llevarlos a las fiestas de los pueblos cercanos, o para celebrar cualquier acontecimiento público. Conocemos también los primeros nombres de aquellas trianeras de gracia y de garbo que dedicaban sus mejores afanes al baile. Noticias, en fin, que nos confirman el atractivo que ya entonces tenían los gitanos, sus festejos y sus bailes, no sólo entre las clases populares, sino entre las personas llamadas "principales".

La nieta de Balthasar Montes

La más afamada de aquellas bailaoras cañís era conocida por "la nieta de Balthasar Montes" y hasta Triana venían a buscarla, de parte de los señores de Sevilla, para que se desplazase hasta sus casas y les hiciese disfrutar con sus bailes. Nos lo cuenta así don Jerónimo de Alba:

> Una nieta de Balthasar Montes, el gitano más viejo de Triana, va obsequiada a las casas principales de Sevilla a representar sus bailes

Y ella, que de seguro era una gitana desenvuelta y con uno o varios puntos de picardía, iba de inmediato, acompañada de su "cuadro" (un cantaor, un guitarrista y otro que tocaba el tamboril).

El Revoltoso nos ha legado además, en un texto que puede muy bien considerarse el acta bautismal del quejío, interesantísimas noticias de una de aquellas actuaciones a domicilio en Sevilla. Fue en 1746 y daba la fiesta don Jacinto Márquez, a la sazón Regente de la Real Audiencia. Ella llegó con su pequeña *troupe* y bailó, a requerimiento de las señoras presentes, una de aquellas danzas "desvergonzadas" que habían puesto en circulación los negros: el manguindoy.

> Es tal la fama de la nieta de Balthasar Montes que el año pasado del '46 fue invitada a bailar en una fiesta que dio el Regente de la Real Audiencia, don Jacinto Márquez, al que no impidió su cargo tan principal tener de invitados a los gitanos y las Señoras quisieron verla bailar el manguindoi por lo atrevida que es la danza y, autorizada por el Regente a súplicas de las Señoras, la bailó, recibiendo obsequios de los presentes.

Seguro que ese no fue el único baile que hizo. Y en otro, no sabemos cuál, el cantaor que la acompañaba, como tendría por costumbre hacer, se templó arrancándose con "un largo aliento" que el Bachiller Revoltoso nos dice que "llaman queja de Galera porque un forzado gitano las daba cuando iba al remo y de éste pasó a otros bancos y de éstos a otras galeras".

Venta de Caparrós, 9 de junio de 1781

Unas décadas después, exactamente en 1781, volvemos a tener noticias ciertas de estas "autoras de danzas" y de sus cuadrillas. Ese año, se anuncian "Bailes de gitanos", en uno de aquellos avisos impresos que se utilizaban para dar publicidad a las actuaciones de aquellos grupos de gitanos que recorrían ventas y posadas. Está fechado el 9 de junio y se fijó en la venta de Caparrós, en las afueras de Lebrija. En él se nos dan valiosas informaciones sobre aquellos grupos y su repertorio. Lo formaban "cuatro parejas de hombres y mujeres", que bailarían la "mojiganga del caracol" y la zarabanda. Dirigía la cuadrilla Andrea "la del pescao", una gitana que a no dudar conocería muy bien los gustos y las aficiones de su público y por eso les ofrecía danzas de mucho movimiento de caderas, de esas que los bienpensantes llamaban "lascivas" y "diabólicas" y lo hacía además con reclamos tan sugerentes como: "El demonio duerme en el cuerpo de las gitanas y se despierta con la zarabanda". Desde luego, la zarabanda seguía y seguiría siendo un buen anzuelo para captar voluntades. Décadas después todavía la seguían haciendo las pequeñas *troupes* de gitanos que iban de feria en feria con sus músicas y bailes. Nos lo cuenta Serafín Estébanez Calderón en *Un baile en Triana*, publicado en el *Álbum del Imparcial de* Barcelona en 1842:

> No hace muchos años que todavía se oyó cantar y bailar, por una cuadrilla de gitanos y gitanillas, en algunas ferias de Andalucía.

Jaleos gitanos y zapateados

Precisamente once años después nos llegan noticias de la subida a las tablas de los teatros sevillanos de otros bailes "gitanos". Lo anuncia así ese día *El Porvenir* de Sevilla:

Teatro de Hércules

Gran función para hoy domingo 6 de marzo de 1853 a beneficio de doña Felisa Villa, dama joven, y don Manuel Pereira, característico de esa sociedad.

Después de una escogida sinfonía, abrirá la escena la chistosa comedia del teatro antiguo titulada *El diablo Predicador*.

A continuación se bailará el jaleo jitano, por Miracielos. Seguirá el zapateado de primera, por Francisco Ruiz el Jerezano, imitando la muerte del toro. La pieza de costumbres andaluzas, nominada: *La Cigarrera de Cádiz*. Desempeñando la protagonista la beneficiada y el papel de Quintana don José Valero.

El Jaleo de Jerez.

Dando fin con la pieza titulada: *Juan el perdío, o parodia de D. Juan Tenorio*.

Esto da testimonio histórico de dos de los primeros nombres en el baile flamenco, el de José Castro, conocido por Miracielos, y el de Francisco Ruiz *el Jerezano*, así como de dos de los bailes que más gustaban a los primeros aficionados, el jaleo, padre de la soleá y la bulería, y un zapateado. Un jaleo que se califica de "gitano", sin duda porque algo de sus maneras le habría puesto ya su intérprete y porque, a no dudarlo, influirían también razones publicitarias, ya que los empresarios del día sabían de sobra la fascinación que ejercía en su clientela el pueblo romaní. El zapateado era otro baile popular en el que, por encima de todo, primaba la guasa y la espontaneidad. Lo bailaba el hombre y también la mujer y en él cabía casi todo. Se zapateaba imitando cualquier tipo de movimientos que provocasen la diversión del público y muy especialmente los lances taurinos, por eso se le conocía también por El torito.

3. Bailes de negros

Los llamados "bailes de negros" fueron el modelo emblemático de la sensualidad. Eran bailes que, para goce de quienes los contemplaban, unían el descaro a la voluptuosidad. Ellos fueron, sin duda, los que hicieron escribir a Antonio Hurtado de Mendoza en *El examinador Míser Palomo*, escrita en 1618, los versos que siguen:

> De la cintura arriba son bailes nobles.
> De la cintura abajo, Dios los perdone.

Los primeros llegaron a nuestro país en el siglo XV. Los traían los esclavos procedentes del continente africano, cuando Sevilla era uno de los centros mundiales del comercio de esclavos.

Jerez, 1464

Las primeras noticias de fiestas de esclavos de que disponemos son fruto de las investigaciones llevadas a cabo por Juan de la Plata en los libros capitulares de Jerez de la Frontera. Gracias a ellas, sabemos que en 1464 se reunían los negros en los arrabales de la ciudad de las bodegas "con panderos, tabales y otros instrumentos" y era tal "el bullicio" y "los ruidos" que hacían y las peleas que armaban al calor de la noche y el vino, que el Cabildo tuvo que tomar cartas en el asunto.

Sevilla, plaza de Santa María la Blanca

En Sevilla, también según testimonios documentales, se sabe que, a finales del siglo XVI, había reuniones multitudinarias los "días feriados", con bailes incluidos, en la plaza de Santa María la Blanca y, en el XVII, en la plaza de la Magdalena. Los negros participaban asimismo, como lo hacían los gitanos, en las procesiones del Corpus y en todas las celebraciones religiosas o cívicas que tenían lugar en la ciudad hispalense. Y lo mismo ocurría en Cádiz y otras poblaciones con un número importante de negros, "morenos" o "pardos", que así se llamaba a los mulatos.

Danzas rituales

En su entorno africano y en los primeros tiempos de su práctica en el Caribe, eran danzas rituales dedicadas a los dioses de la fertilidad. Por eso, había en ellas movimientos que simulaban el acto sexual. Después, cuando los negros fueron sometidos a un proceso irreversible de aculturación, sus bailes sufrieron una evolución similar, perdieron su carácter religioso y se convirtieron en protagonistas de todo tipo de fiestas populares. Con ellos y gracias a ellos, el negro podía revivir recuerdos ancestrales, pero, sobre todo, eran un escape de un presente odioso, una forma de entregarse a la fiesta y olvidar siquiera fuese por unas horas la amargura de la esclavitud.

El Día de Reyes

En Cuba, estos bailes alegraban las noches en los bohíos y las plantaciones. Con ellos estaban los negros presentes también, como ocurriría después en la Península, en las celebraciones del Corpus y, muy especialmente, el Día de Reyes. Ese día, en Santiago y La Habana, se permitía a los llamados "negros de nación" salir a las calles y enseñorearse de toda la ciudad con sus tambores, músicas y bailes. Luego, los harían muchas negras y mulatas en las zonas portuarias de La Habana, para diversión de marineros y para goce de toda la golfería habanera.

De este tipo de jolgorios se haría eco, siglos después, el periódico cubano *El Siglo*, en su edición del 11 de abril de 1863, con estas palabras:

> En uno de los principales puntos de la capital, en la calle de Bernaza, entre las de Obispo y Lamparilla, existe todas las noches y todos los días de fiesta una multitud alegre de marineros, soldados y negros que se reúne para adorar alegremente a las mujeres alegres que ocupan aquella localidad de ciudadelas y casas pequeñas, ocasionando, como es natural, desmanes y riñas, impidiendo el tránsito y lastimando los oídos de las personas menos susceptibles. Ya es tiempo de que se corte el vuelo a un mal que va tomando proporciones.

Cádiz y Sevilla

Desde entonces, estos bailes no han dejado de arribar a nuestras costas. Llegaban a Cádiz y Sevilla y se erigían en protagonistas de las fiestas que organizaban en los muelles y sus aledaños las gentes del mar. Los hacían los esclavos que llegaban de las Américas cuando podían robarle a sus amos unas horas de descanso y los hacían también los mismos marinos que los habían aprendido en las islas caribeñas y que eran quienes se los enseñaban a las mozas que alegraban, entre travesía y travesía, los días que pasaban en tierra. Un hecho que nos corrobora, siglos después, *El Avisador del Comercio*, en su edición del 20 de septiembre de 1848, haciéndose eco de informaciones aparecidas en el diario madrileño *La Prensa*.

> En Cádiz no hace mucho tiempo que se anunció en el programa de un baile en el Café del Correo, que a la una de la noche se tocaría una danza habanera, lo que surtió muy buen efecto para el empresario, pues acudió mucha gente a oírla. Cuando empezaron a tocarla, varias familias que habían estado en La Habana, algunos marinos y otros que conocieron la música se reunieron en el instante y bailaron dos dancitas que fueron extremadamente aplaudidas.

De los puertos y sus locales de francachela se los llevaban prendidos en sus cuerpos las mujeres de tronío, andaluzas o gitanas, que allí los habían aprendido y con ellas se extendían por los barrios y zonas marginales de las ciudades, en las que convivían gitanos y negros libertos. Y, poco a poco, se iban andaluzando, ganaban gracia y perdían algo de su tosquedad y descaro o "lo demasiado torpe", como escribiría Serafín Estébanez Calderón. Él nos contó en *Un baile en Triana* (1842) –un texto que se ha convertido en cita obligada–, con su peculiar precisión y elegancia, cómo era este proceso:

> Sevilla es la depositaria de los universos recuerdos de este género, el taller donde se funden, modifican y recomponen en otros nuevos los bailes antiguos, y la universidad donde se aprenden las gracias inimitables, la sal sin cuento, las dulcísimas actitudes, los vistosos volteos y los quiebros delicados del baile andaluz. En vano es que de las dos Indias lleguen a Cádiz nuevos cantares y bailes de distinta, aunque siempre sabrosa y lasciva prosapia; jamás se aclimatarán, si antes pasando por Sevilla no dejan en vil

sedimento lo demasiado torpe y lo muy fastidioso y monótono, a fuerza de ser exagerado. Saliendo un baile de la escuela de Sevilla, como de un crisol, puro y vestido a la andaluza, pronto se deja conocer y es admitido desde Tarifa a Almería y desde Córdoba a Málaga y Ronda.

Corrales de comedias

Luego, una vez que habían pasado por el "taller" sevillano, ascendían de categoría y predicamento y pasaban de la fiesta popular a las tablas de los corrales de comedias, en donde a veces se encontraban con los que, aprendidos directamente en tierras ultramarinas, ejecutaban los cómicos que habían "hecho las Américas".

Todos estos bailes de negros procedían de un mismo antepasado. Tenían, por tanto, rasgos y características muy similares, especialmente su esquema rítmico, el compás binario, y esos zarandeos y contoneos de cadera y movimientos de pelvis que, de una forma más o menos abierta o velada, simulaban provocaciones y coitos. Las obras teatrales nos facilitan informaciones precisas sobre sus orígenes, y las muchas censuras y críticas que justificaban u ocasionaban las prohibiciones que sufrieron nos dan detalles sobre sus pasos y movimientos.

Durante los siglos XVI y XVII, el repertorio de estos bailes aumentó continuamente. Unas veces, con nuevas danzas que venían del sur o de ultramar. Otras, eran antiguas danzas que evolucionaban y terminaban cambiando de nombre. En algunos casos, los estribillos que se cantaban durante su ejecución eran los que terminaban rebautizándolos. En otros, eran sus movimientos más significativos los que les daban nombre. De algunos, tan sólo conocemos sus nombres; de otros, únicamente las coplas que se cantaban con ellos y, en ocasiones, alguna referencia a lo impúdico de sus meneos.

El guineo, la zarabanda y la chacona

Parece ser que el guineo fue el primer baile en llegar a nuestro país, procedente directamente del continente africano. Su mismo nombre nos lo dice. Es más, de la Guinea procedían la mayor parte de los negros que se vendían como esclavos en Sevilla y Lisboa. Luego, a mediados del siglo XVI, llegaron de tierras americanas la zarabanda y la chacona. Y, bien entrado el XVII, lo harían el zarambeque, el cumbé y el paracumbé. El primero venía de las Indias y los otros dos eran africanos. El cumbé se conoció también como "baile de Angola" y el paracumbé tuvo un origen similar. Llegó primero a Portugal y, de allí, desembarcó en Andalucía, en pleno siglo XVII. Después, siguieron llegando nuevas danzas, casi todas de las islas caribeñas. Fueron el retambo o retambillo, el zambapalo, el dengue –más tarde llegaría la guaracha, hijo natural suyo–, la cachumba, la guaracha, el fandango –príncipe de los bailes populares andaluces y españoles– y la popular gayumba. Este último delataba con absoluta claridad sus orígenes rituales. En él, según rezan las acotaciones que indicaban cómo debía ejecutarse, se hacía "una culebra", una figura y unos movimientos que lo relacionan con las populares danzas de "matar la culebra", que solían hacerse en las poblaciones cubanas el Día de Reyes. Su interpretación se remataba con el estribillo:

Que la culebra se murió...
Calabasón, son, son...

Unas palabras que nos traen a la memoria las que hoy seguimos escuchando por tangos:

Calabacín, calabazón,
que a este bichito lo mato yo.

De todos estos bailes, el que alcanzó mayor popularidad fue la zarabanda. Era un baile de procedencia bantú, que el Padre Mariana nos describe así en su *Tratado contra los juegos públicos,* publicado en 1609:

> entre otras invenciones, ha salido en estos años un baile y cantar tan lascivo en las palabras, tan feo en los meneos, que basta para pegar fuego aun a las personas muy honestas. Llámanle comúnmente zarabanda (...) [en ella] se representan no sólo en secreto, sino en público, con extrema deshonestidad, con meneos y palabras a propósito, los actos más torpes y sucios que pasan y se hacen en los burdeles, representando abrazos y besos y todo lo demás, con boca, brazos, lomos y con todo el cuerpo.

La zarabanda llegó a Andalucía a mediados del siglo XVI. El primer texto en el que la vemos citada es una jácara, publicada en 1558, que tenía por título *La vida de la Zarabanda, ramera pública del Guyacán* y cuyas coplas es muy posible que, si no fueron las culpables, sí contribuyesen en buena medida a la mala fama que desde el primer momento tuvo este baile. Después, la vuelve a nombrar Miguel de Cervantes en *El celoso extremeño*, cuando alude al "endemoniado son de la zarabanda", en donde además añade "nuevo entonces en España", un testimonio que hizo que se fijase su llegada a nuestro país mucho más tarde de lo que en realidad fue. Contra ella se lanzaron, desde todos los medios bienpensantes de la época, las críticas más feroces. Eran críticas que no sólo iban dirigidas a los movimientos que en el baile se ejecutaban, calificados generalmente de "lascivos", "sucios" y "endiablados", sino que hacían también referencia a las coplas que los acompañaban. Fruto de estas críticas son las numerosas y reiteradas prohibiciones que se dictan contra ella –1583 y 1615–. Unas prohibiciones que, como suele ocurrir en estos casos, nada pudieron contra su popularidad y pujanza.

El manguindoy

En el XVIII, llegó a los muelles gaditanos el manguindoy o mandingoy, como también era conocido. Su historia repite, casi paso a paso, la de los que le habían precedido. Lo bailaron las majas de rompe y rasga. Lo bailaron las tonadilleras en los teatros. Lo bailó la que ha pasado a la historia como la nieta de Balthasar Montes, patriarca de los gitanos trianeros. Formó parte del repertorio de las cuadrillas de gitanos que, de una forma ya casi profesional, hacían las delicias de los que gustaban del arte del bamboleo. Y, por supuesto, lo bailaron también las gitanas de la tacita de plata. Nos lo cuenta Henry Swimburne, en carta fechada en Gibraltar el 9 de marzo de 1776:

> Hay entre los gitanos otra danza, llamada 'Manguindoy', tan lasciva e indecente que está prohibida bajo los castigos más severos. La melodía es muy simple: apenas la repetición constante de las mismas notas. Como el fandango, se dice que ha sido importada de La Habana y que las dos son de procedencia negra.

Víctor Patricio de Landaluze. *Día de Reyes en La Habana*.

Fue como sus antecesores un baile atrevido en sus movimientos. Y, como había ocurrido con la zarabanda, sufrió la intransigencia de los censores de la época.

El tango

Y, allá por las primeras décadas del siglo XIX, llegó el tango. Había nacido en Cuba. Tenía compás binario, el esquema rítmico al que ajustaban los negros y mulatos cuantos bailes llegaban a ellos, y sus coplas, sabrosas y picaronas, contaban las mil y una historias de su vida diaria. La palabra "tango" se usaba también para denominar a los cabildos, unas agrupaciones que tenían fines asistenciales, pero que incluían entre sus objetivos el "recreo y esparcimiento" y que con la más mínima excusa llenaban con sus tambores, sus bailes y sus fiestas las calles de las poblaciones cubanas.

Su éxito es absolutamente fulminante. Nada más desembarcado en nuestras costas, casi de la noche al día, el llamado "nuevo tango americano" prende en la imaginación y las querencias de los andaluces y todos se aficionan a él: las clases populares y las no tan populares. Se imprimen sus coplas en los solicitadísimos pliegos de cordel y lo cantan los ciegos –primeros gacetilleros de la comunicación oral–. En las fiestas de Cádiz, suena en cada plaza y en cada calle. El tango inspira a muchos músicos que lo utilizan como número puntero de sus zarzuelas y lo cantan las voces más notables y celebradas del momento, aunque con coplas en las que habría desaparecido lo excesivamente indecente e indecoroso. Es además protagonista principal de más de un recital de canto, como los que dio, en Madrid en 1848 y en París en 1850, María Martínez, aquella negra habanera que asombraba a todos con su espléndida voz.

La procedencia americana del tango era entonces de todos conocida. Así lo proclamaban además las numerosas gacetillas que anunciaban su interpretación. Se le solía llamar "tango de negros", "el gracioso tango de negros" o "el nuevo tango americano", y quienes lo habían de ejecutar aparecían en escena haciendo el papel de negros. Efectivamente, el 7 de febrero de 1849, en el Teatro San Fernando de Sevilla, aparecen Rita Revilla y el Sr. Luna caracterizados de "negros", para ejecutarlo en la zarzuela *La boda en el cafetal.*

El recuerdo de su origen –"tango de negros", "tango americano"– continúa en los cincuenta y en los sesenta. Por estos años, Charles Davillier, aquel hispanófilo francés que se asomó a todos los rincones en los que pudiera encontrar algo que pudiese satisfacer sus aficiones, nos lo vuelve a decir en su *Viaje por España* (París, 1862):

> El tango es un baile de negros que tiene un ritmo muy marcado y fuertemente acentuado. Puede decirse otro tanto de la mayor parte de los sones que tienen origen igual y principalmente en la canción que empieza por estas palabras: "¡Ay qué gusto y qué placer!", canción que desde hace algunos años es tan popular como el tango.

Un texto en el que se precisa la diferencia entre el tango original y los tangos que se estaban componiendo entonces en España. En efecto, la canción *¡Ay qué gusto y qué placer!* era el tango que había escrito Francisco Asenjo Barbieri para la zarzuela *Relámpago*. Davillier nos proporcionó además importantes noticias sobre el arraigo de lo que ya era un estilo andaluz más entre los estratos populares. Su referencia a la interpretación que del baile hace la que sin duda sería una gitanilla gaditana en la botillería trianera del tío Miñarro es una cita de sobra conocida:

> No tardó en llegar la vez a las danzas, y una joven gaditana de cobriza tez, cabellos crespos y ojos de azabache, como dicen los españoles, bailó el tango americano con extraordinaria gracia.

Davillier nos proporciona también otros datos que confirman la popularidad de que estas coplas disfrutaban entre el pueblo llano. Uno es la descripción que nos hace de una reunión de jornaleros jerezanos en la que se cantaron unos "tangos americanos" que muy poco debían diferir de los que después se apellidarían "flamencos". Estas son sus palabras:

> Asistimos una vez a una de esas tertulias populares. Nadie podría imaginar nada tan alegre y pintoresco (...) Una veintena de andaluces de tez bronceada, vestidos de modo muy pintoresco, alineados alrededor del hogar, fumaban cigarrillos y escuchaban a un buen mozo que cantaba con voz lenta y gangosa las coplas del Tango americano, una de las canciones más populares en Andalucía. El virtuoso se entregaba en su guitarra a una verdadera

gimnasia, haciendo resonar la madera con los golpes secos de su pulgar y los cuatro dedos, y rasgueando con el revés de la mano las seis cuerdas de su instrumento. Los oyentes marcaban el compás con taconazos y palmas, y al final de cada copla gritaban a coro: ¡otra, otra!

Es más, apenas unos años después, en 1867, lo bailaba aquel seguiriyero de leyenda conocido por Curro Dulce, en el jerezano Teatro Principal. La gacetilla que anunciaba esta función, aparecida el 31 de octubre en *El Porvenir de Jerez*, decía así:

> Gran Función para hoy 31 de octubre de 1867. A beneficio de Diego García. (...) Cantará Francisco Fernández conocido por Dulce (...) será acompañado a la guitarra por el acreditado Francisco Cantero conocido por Paco el Barbero (...). A continuación Francisco Fernández bailará El Tango Americano.

En los setenta y ochenta del XIX, el tango conserva intacta su popularidad. Se había convertido en uno más de los aires andaluces y se bailaba, se cantaba y se hacían composiciones para interpretarlas a la guitarra, al violín o por bandas de música. En los teatros, el público pedía a los artistas que repitiesen una y otra vez el número en el que éste aparecía y después aplaudían con verdadero fervor. Fue entonces cuando el tango se hizo definitivamente flamenco. Sucedió en los cafés cantantes y fue obra de muchas bailaoras que, gracias a él, consiguieron fama y renombre.

La rumba

Después del tango, han seguido llegando a nuestra tierra otras danzas procedentes de Cuba. Apenas entrado el siglo XX –Pepe de la Matrona los grabó en 1914–, llegó la rumba, un canto y baile de origen afrocubano que ha sobrepasado los límites de la isla caribeña para alcanzar un arraigo casi universal. Hija de la Yuba, danza de fertilidad de origen bantú, la rumba se bailó primero, hacia finales del siglo XVIII, en los ambientes populares de Matanzas y La Habana, en las cuarterías y barracones de los negros que trabajaban el azúcar. Bastaba un recinto de medianas dimensiones y cuatro utensilios que pudieran hacer son para que se armara una buena rumba, una "rumba brava". Luego, a comienzos de los años treinta, saltó a los escenarios para convertirse en número imprescindible de los bailes que ofrecían los grupos de "son" cubanos en las llamadas *varietés* de los cabarets y salas de fiesta. Y allí, como siglos antes había ocurrido con la zarabanda, la chacona y, en el XIX con el tango, la aprendió el pueblo llano y el pueblo no tan llano y la bailó en sus fiestas y en todo tipo de locales en los que se practicase el baile, cualquier tipo de baile. Los andaluces no fueron una excepción. Y los artistas flamencos tampoco. Se adueñaron de ella, incorporándola como cante y como baile a su repertorio.

Después de la rumba, han llegado nuevos bailes. En la memoria de todos está el mambo, el chachachá y la conga. Precisamente, gracias a este último, los europeos aprendieron esos movimientos y pasos deambulatorios, dados en hilera, cogiendo los hombros o la cintura de quien les precede. Los mismos que siglos antes solían hacer los negros africanos, como nos cuenta Fernando Ortiz (*Los bailes y el teatro de negros en el folklore de Cuba*, La Habana, 1981): "Deslizándose paso a paso en línea sinuosa tras los tambores que van al frente".

Todos ellos han gozado también de popularidad, pero ésta fue más o menos efímera. Cuando fueron llegando el flamenco era ya un arte con una tradición y unas formas muy consolidadas. Era, además, un arte que vivía un período en el que imperaba lo clásico –lo que se empezaba a denominar "pureza"– y que ya no era capaz de disfrutar con veleidades más o menos llamativas. Por eso, ninguno de estos nuevos sones tuvo acogida en su seno.

4. Funciones por encargo y 'ensayos públicos'

Durante las primeras décadas del XIX, sigue en alza el interés por los cantes y bailes que hacían los gitanos, lo que propicia el nacimiento de una oferta semiprofesional y comercial de los bailes y cantes andaluces y gitanos.

Los de la afición

En este momento histórico es cuando surgen los primeros aficionados. Se les conoce precisamente así, por "los de la afición". George Borrow, que recorrió nuestro país entre 1836 y 1840, lo contó así en *Los Zincali* en 1841:

> Al caer la tarde acudían frecuentemente a las gitanerías individuos que diferían en extremo por su posición de los habitantes de aquellos lugares; aludo a los nobles e hidalgos españoles jóvenes y disolutos. Era ésa, por lo general, la hora del buen humor y de las fiestas, y los gitanos, varones y hembras, bailaban y cantaban a su modo bajo la sombra de la luna.

Observaciones que ya había hecho Richard Ford, tras su visita a Andalucía en 1831, en su *Manual para viajeros por Andalucía y lectores en casa.* Reino de Sevilla, publicado en 1845:

> Sevilla es hoy en esto lo que en la antigüedad fue Gades, nunca falta allí una venerable bruja gitana que prepare una 'función', como se llama a estos bonitos espectáculos, (...) Estas fiestas son de pago, pues la raza gitanesca, como dice Cervantes, sólo vino a este mundo para ser anzuelo de bolsas. Las 'callis' de jóvenes son muy bonitas y además son muy zalameras y trafican en negocios muy apetitosos, pues profetizan oro a los hombres y maridos a las mujeres.
>
> La escena del baile es generalmente el barrio de Triana, que viene a ser el Trastevere de la ciudad y cueva de toreros, contrabandistas, pilletes y gitanos, cuyas mujeres son las *premières danseuses* en estas ocasiones, en las que los

hombres nunca intervienen. La casa elegida es usualmente una mansión medio árabe que es un verdadero cuadro donde la ruina, la pobreza y la miseria se mezclan con columnas de mármol, higueras, fuentes y parras; la compañía se reúne en algún soberbio salón, cuyo dorado artesonado árabe –salvado del saqueo– descansa sobre paredes blanqueadas; hay en el recinto algunos, pocos, bancos de madera, en donde se sientan las dueñas e invitados, en los cuales se atiende más a la cantidad que a la calidad; probablemente ni el público ni sus trajes serían admisibles en Mansion House; pero aquí el pasado triunfa sobre el presente.

El solitario

Uno de los que acudían a este tipo de "funciones" fue Serafín Estébanez Calderón (Málaga, 1799-Madrid, 1867), un hombre verdaderamente peculiar. Tenía una voraz curiosidad intelectual y compatibilizó perfectamente el estudio y la erudición con la vida bohemia y aventurera. Sabía además entonar sus cantecitos, tocar la guitarra e incluso tenía sus buenos conocimientos de la lengua romaní. Sus *Escenas andaluzas*, publicadas en 1842, aportan datos inapreciables para conocer los primeros pasos del arte flamenco.

Las visitas a Triana de El Solitario, que así gustaba llamarse don Serafín, serían allá por 1838, cuando era gobernador de Sevilla, y es más que probable que en Cádiz, donde también ejerció como gobernador, asistiese a fiestas similares. A Triana va, según cuenta él, porque le habían llegado rumores sobre las habilidades para el cante y el baile de algunos de los gitanos que allí vivían: El Planeta, El Fillo, Juan de Dios y María de las Nieves, La Perla y El Jerezano. Y algo similar sucedería en Cádiz, como se infiere de los nombres que cita en *Asamblea General* (publicada en 1845 en el *Semanario Pintoresco* e incluida después en sus *Escenas andaluzas*, Madrid, 1847): La Dolores (¿la mítica Lola de Cádiz?), Espeletilla, Enriquillo, El Granadino (¿Tío José?) y La Mosca.

Lo que vio en su visita al arrabal sevillano nos lo cuenta en *Un baile en Triana*. Gracias a este relato, conocemos cómo eran los lugares en los que tenían lugar este tipo de fiestas, así como los nombres de los más sobresalientes intérpretes de los bailes que por aquel entonces se hacían en estas reuniones, y los estilos que se solían hacer: el romance o *corrida* del Conde Sol que interpreta El Planeta, el polo Tobalo que canta Juan de Dios, unas tonadas sevillanas que hace María de las Nieves, los polos, la rondeña, la granadina y las que llama "modernas" serranas.

La descripción del lugar en donde se celebra la fiesta trianera es como sigue:

> Atravesé con mi comitiva de aficionados el puente famoso de barcas para pasar a Triana, y a poco nos vimos en una casa que por su talle y traza recordaba la época de la conquista de Sevilla por San Fernando. El río bañaba las cercas del espacioso patio, cubiertas de madreselvas, arreboleras y mirabeles, con algún naranjo o limonero en medio de aquel cerco de olorosa verdura. La fiesta tenía su lugar y plaza en uno como zaguán que daba al patio.

Una descripción que ampliaría después en *Asamblea General*, dando además sabrosos detalles de los "aficionados" que asistían a estos improvisados espectáculos:

> las hileras de gitanillas y muchachas bailantes y cantadoras que se agolpaban en su derredor con palillos entre los dedos, con muchas flores en la cabeza, el canto y la sonrisa en los labios, el primor de la danza en los pies.

Así como de la versatilidad artística de los "artistas":

> La fiesta, el baile, los cantares y el bateo, todo tuvo principio al mismo punto, y el que ahora cantaba es que ya hubo de bailar y se preparaba para dar en la despensa y vastimento como en real de enemigo y viceversa, y todos así. El alboroto y algazara cundió por todas partes como pronunciamiento bien motivado, y las vivas y las salvas y el repique de los panderos y las sonajas y el trino de la prima y el discante y el eco y dejo de los bordones y los motes, los estribillos y las copas no dejaban vacío en el aire ni descanso en los oídos.

En este relato y en *Asamblea General*, Estébanez Calderón nos facilita además una relación de algunos de los bailes que entonces gozaban de mayor popularidad: las seguidillas, las caleseras, el zapateado, el jaleo de la yerbabuena y la Tana.

Los viajeros románticos

La afición a los bailes andaluces tuvo también una clientela importante en los viajeros románticos que, atraídos por el exotismo que adornaba lo andaluz, venían a España a mediados del XIX. Y, para ellos, como dictan las normas básicas del comercio, se organizaban *funciones* por encargo. Alejandro Dumas nos habla de una de ellas en *De París a Cádiz*. Fue el 13 de noviembre de 1846 y tuvo lugar, nos dice, en "una especie de café que nos cedía el primer piso", para inmediatamente describirlo así:

> Ese primer piso se componía de una gran habitación separada en dos por una enorme viga que atravesaba el techo; el suelo era de ladrillos rojos y, como todo ornamento, estaba encalada. Cuatro quinqués humeantes la iluminaban.

Allí, desde las nueve de la noche hasta las dos de la mañana, Dumas y sus acompañantes tuvieron ocasión de admirar los bailes que ejecutaron tres mujeres de bandera: Carmen, "la más joven y la menos experimentada de las tres", Anita y Petra –que, a no dudar, sería la famosa Petra Cámara–. Las tres vestían las galas de bolera –"sus basquiñas de gasa blanca, sus corsés negros o azules bordados en plata; su tocado de lentejuelas y sus flequillos brillantes [que] relucían maravillosamente al reflejar la luz"– y las tres encandilaron a todos con el ole, el vito y el fandango.

Academias y salones

Una vez descubierto el nuevo filón, los directores de las academias no tardaron en organizar, con el nombre de "ensayos públicos", este tipo de saraos de forma regular. Aprovechaban así la demanda que comenzaba a materializarse por los bailes que se enseñaban en sus propios locales. Una demanda cuyos principales protagonistas eran los *inglis-manglis* –así es como entonces les decían a los que hoy cariñosamente llamamos *guiris*– que visitaban Sevilla, entre otras ocasiones, por la Feria de Abril. El hecho es significativo, porque fue en esas academias, germen de los futuros cafés cantantes, en donde se fraguó la primera fusión trascendental en la historia del baile flamenco: la de los bailes boleros andaluces y los bailes gitanos. De ellas y de estos "ensayos públicos" escribe José Luis Navarro (*De Telethusa a La Macarrona,* Sevilla, 2002):

> actuaron codo con codo, compartiendo cartel, las más acreditadas bailarinas boleras de la época y las gitanillas trianeras que también eran ya profesionales de su arte. Allí unas aprendieron de las otras y unas influyeron en las otras. Las gitanas aprenderían la técnica y, sobre todo, la elegancia de las boleras; las boleras la frescura y el temperamento de las gitanas. Y entre todas irían configurando las bases de lo que muy poco después empezó a ser conocido como baile flamenco.

Según las noticias que poseemos, la primera academia que ofreció estos ensayos públicos fue la que Miguel de la Barrera tenía abierta en Sevilla desde 1845. Seguiría después la de su hermano, Manuel de la Barrera. En 1850, Miguel y Manuel deciden, al objeto de evitar la competencia entre ellos, organizar estas funciones en distintos días, uno los miércoles y el otro los sábados. Los domingos darían funciones los dos. Pusieron la entrada a cuatro reales y vendían asimismo abonos mensuales para los sábados a diez reales y para los domingos a doce. El negocio parece que fue boyante, ya que al año siguiente, el 28 de septiembre, Miguel abría un nuevo local con el nombre de Salón Oriente "no sólo para reuniones de baile, sino también filarmónicas", como anuncia en *El Porvenir* del 25 de ese mismo mes. Luego, se abrirían tres nuevos locales: uno, dirigido por Manuel de la Barrera y Amparo Álvarez la Campanera; otro, el Salón de la Aurora, dirigido por La Campanera; y el tercero, el Salón de los Descalzos, dirigido por Félix Moreno. Finalmente, el 19 de junio de 1854, Manuel de la Barrera abre el Salón El Recreo. Este y el Salón Oriente fueron, sin duda, los dos mejores locales para este tipo de espectáculos. Pocos años después, el 5 de febrero de 1859, este salón se convertía en teatro con un aforo de 500 localidades. Por estos salones pasaron, durante los sesenta, todas las que habían sido agraciadas con el don de la danza.

En estos locales, algo toscos, sin embargo, se cuidaba todo tipo de detalles, como la decoración, *ambigú,* publicidad en prensa y mediante carteles de mano y, especialmente, una dirección artística atenta a los posibles gustos y preferencias de su clientela. En ellos se podía contemplar un programa de bailes andaluces verdaderamente amplio y completo –en ocasiones hasta 19 bailes distintos– con una cercanía y familiaridad con las bailarinas que no era posible en el teatro. Es más, los espectadores no tenían que esperar, como ocurría en esos recintos, a que, entre sainete y sainete, le llegase el turno a la danza. Luego, cuando empezó a ser cada vez más ocasional la presencia de estos bailes sobre los escenarios teatrales, fue en estos salones donde únicamente se podía seguir disfrutando de ellos, como nos dice *El Porvenir* del 1 de octubre de 1857, refiriéndose al Salón de Oriente:

> Nuestros graciosos bailes nacionales, casi ahuyentados del teatro, se van refugiando en estas especiales reuniones: allí los irá a buscar nuestra afición a ellos, y allí ofrecerán el atractivo que no perderán nunca de seguro ni para los propios ni para los extraños.

Gustave Doré y Charles Davillier nos han dejado, en su imprescindible *Viaje por España*, interesantísimas descripciones y dibujos de estas funciones, así como detallada información de la programación que ofrecían. La que sigue corresponde al sevillano Salón del Recreo:

> entramos en la calle de Tarifa. La primera casa a la derecha era justamente la sede de la academia de baile del tal señor don Luis Botella. Subimos los peldaños de una escalera empinada y estrecha, alumbrada apenas por la vacilante luz de un candil de hierro colgado en la pared, llegamos al segundo piso, donde estaba situado el famoso salón del Recreo.
>
> El salón, pomposamente adornado por el propietario con el nombre de academia, sólo era, en realidad una ancha pieza que tenía la forma de un rectángulo y cuya decoración y mobiliario eran de una sencillez digna de los tiempos primitivos. Habíamos llegado los primeros, y pudimos hacer el inventario a nuestras anchas.
>
> Cuatro de esos grandes canapés de paja, tan corrientes en Andalucía, dispuestos a los lados de la sala, y algunas sillas de la misma clase, un número de las cuales estaba reservado para las boleras, componían todo el mobiliario del salón. Las ventanas tenían sencillas cortinas de algodón verde bordado en rojo y amarillo, y en las encaladas paredes colgaban algunos cuadros de pino barnizado representando diferentes escenas de baile. Tuvimos tiempo de admirar, antes de que llegaran las boleras, muchas de esas litografías realzadas con los más brillantes colores y que representaban el polo de *El contrabandista*, *La malagueña del torero* y otros famosos pasos, obras maestras fabricadas por

> la casa de Mitjana, de Málaga, para adornar las cajas de pasas destinadas a la exportación. También había en la galería algunos retratos de bailarinas ilustres como la Perla, Aurora Cujiñí, la Nena y otras bailadoras cuyos nombres han alcanzado celebridad en los anales de la coreografía española. Pero la obra principal, que ocupaba con justicia el sitio de honor, era un dibujo de un artista del país representando con sencillo realismo la figura del director de la academia, vestido magníficamente de bolero y en la postura más triunfal del Jaleo de Jerez.
>
> [el] alumbrado se componía de seis u ocho quinqués, contemporáneos sin duda alguna del mismísimo Quinquet, y que estaban colocados en los espacios libres que había en la pared entre cuadro y cuadro.

Gracias a esa fuente inagotable de informaciones que José Luis Ortiz Nuevo publicó con el titulo *¿Se sabe algo? Viaje al conocimiento del Arte Flamenco en la prensa sevillana del XIX* (Sevilla, 1990), conocemos todo tipo de detalles sobre la publicidad que los maestros de baile y directores de academias incluían en la prensa diaria. La que citamos a continuación fue publicada el 7 de diciembre de 1853, en *El Porvenir* de Sevilla:

> Bailes del país. En el elegante salón de la Aurora, que bajo la dirección de doña Amparo Álvarez se ha establecido en la calle de la Plata número 4, habrá hoy miércoles ensayo de bailes nacionales, al que asisten todas sus discípulas y las mejores boleras de esta capital, en el que además de los bailes acostumbrados se ejecutarán el Polo de la Contrabandista, la Sal de Andalucía, la Jota Valenciana, la Malagueña y el Torero por la señora Barrios, la Madrileña por la señora Álvarez.

Por su parte, Davillier, como no podía ser de otra manera, nos dejó también copia fidedigna de los carteles y avisos que llegaban a los hoteles y casas de huéspedes en las que se alojaban sus presumibles clientes. Así decía el que él recibió:

> Una mañana nos entregaron un magnífico cartel impreso en papel rosa; era el anuncio de un baile que daba don Luis Botella, director de una academia de baile. Este anuncio, redactado en español y en francés, contenía las más atrayentes promesas, como puede juzgarse por la reproducción textual que damos de él, conservando a este reclamo andaluz todo su color local y sus incorrecciones:

José Villegas. *Baile en el mesón. ca. 1875.*

Grandes y sobresalientes

BAILES DEL PAÍS

En el amplio salón del Recreo, el más famoso de esta ciudad, establecido por su director, DON LUIS BOTELLA, calle de Tarifa, número 1, habrá esta tarde y todos los sábados siguientes danzas extraordinarias, NACIONALES Y ANDALUZAS, cuya ejecución está a cargo de las más célebres BOLERAS del teatro de esta capital, de las alumnas del director y de la primera bailarina española

DOÑA AMPARO ÁLVAREZ

LA CAMPANERA

acompañadas por los cantadores más acreditados

EL BAILE COMENZARÁ A LAS OCHO HORAS Y MEDIA

El director de este salón no ha omitido ningún sacrificio para que nada falte al recreo y atractivo de estas diversiones, tan frecuentadas por todos los aficionados del país y señores extranjeros.

Además de las danzas andaluzas de los sábados, habrá todos los domingos y todos los días de fiesta un baile de sociedad para las personas que tengan la bondad de acudir.

También se enseñan aquí todas las danzas conocidas con la mayor perfección, correspondiendo a la estimación pública de que el director goza por su arte.

LOS BAILES DE PALILLOS SERÁN LOS SIGUIENTES

Seguidillas, bolero, manchegas, mollares, boleras de jaleo, la jácara, olé, polo del contrabandista, olé de la curra, jaleo de Jerez, malagueñas del torero, boleras robadas, jota, vito, gallegada y los panaderos acompañados a la guitarra.

El público que asistía a estas funciones estaba formado por los "aficionados del país" –así les llama Davillier– y por los visitantes extranjeros que pasaban por Sevilla. Los primeros pertenecían a lo que hoy denominaríamos clases medias del mundo trabajador de la época, hombres cercanos a la majeza que solían vestir, según las descripciones que nos han llegado, el castizo pantalón de punto, el marsellés o chaquetilla corta andaluza. Los segundos, de las más diversas nacionalidades, solían asistir acompañados de algunas damas y, también según Davillier, lo hacían movidos por la curiosidad. Los directores de estos salones les cobraban la entrada de acuerdo con sus apariencias, para después tratarlos según lo que habían pagado al entrar. De todo esto nos ha dejado Davillier todo tipo de detalles:

> Don Luis Botella, viendo que su salón empezaba a llenarse, nos dejó para ir a echar una ojeada a los ingresos de la entrada, que se lleva a cabo en las escuelas de baile sobre bases muy desiguales, pues el precio varía, según el aspecto de la persona, de cuatro a veinte reales.
>
> El director iba y venía con gran actividad para acomodar al público, teniendo buen cuidado de reservar las mejores sillas a aquellos extranjeros que, habiendo pagado su duro al entrar, le parecían personajes de campanillas, como dicen en Andalucía. Unos rusos y algunos *inglis-manglis* –así oímos llamar a los ingleses, cuyo aspecto singularmente extraño les valía grandes miramientos por parte del director– ocuparon sitios en la primera fila, impacientes por ver comenzar el baile. En cuanto a los andaluces, la mayoría estaba de pie, como corresponde a gente que sólo han pagado medio asiento o que no han pagado nada en absoluto.

Amparo Álvarez 'la Campanera'

De entre las boleras que lucieron su garbo en estas academias y salones, destaca Amparo Álvarez, conocida como La Campanera, por ser hija del campanero de la Giralda. La sevillana supo estampar en sus bailes el sello de un temperamento que no tardaría en ser definido como "flamenco". Fue además una artista muy completa que, además de bailar, era capaz de entonarse sus cantecitos e incluso acompañarse ella misma a la guitarra. Encarna mejor que nadie los resultados de esa emblemática simbiosis de estilos y maneras que dio lugar al nacimiento del baile flamenco. Ella conjugó, como pocas, la elegancia de la escuela bolera con la garra –ese "brío" que dijo Davillier–. Desde luego, difícilmente se le puede regatear el término "bailaora" a una andaluza que, cuando, ya en plena madurez artística, había alcanzado renombre como primera bolera, se atrevió con las alegrías y el "jaleo gitano". De ambas ha quedado constancia histórica. Los *juguetes* –que así se denominaban entonces– los bailó en 1865, acompañada por el cante de Sartorio y el jaleo lo hizo en 1868.

Otras boleras de renombre que contribuyeron también a que viese la luz el baile flamenco fueron Dolores Montero, Josefa Moreno, Pepa Grande, Manuela García, Antonia Domínguez *la Naranjita*, Juana Rodríguez, María Edo, Dolores Ruiz, Luisa Medina, Concepción Ruiz, Plácida Alcaraz, Dolores Sojuela y Juana Flores.

Aurora 'la Cujiñí'

Con respecto a las gitanas que compartieron tablas con las boleras, tan sólo un nombre ha llegado a nosotros, el que inmortalizase Antonio Chamán en uno de sus dibujos, el de Aurora *la Cujiñí*. Existen, sin embargo, numerosos testimonios de su presencia en las academias de baile. Nos los proporciona la prensa del día. La primera de la que tenemos noticia, publicada en *El Porvenir*, está fechada el 6 de diciembre de 1865 y dice así:

> En el acreditado y elegante salón del Recreo que tiene establecido don Manuel de la Barrera en la calle Tarifa núm. 1, habrá hoy sábado ensayo extraordinario de bailes nacionales o de palillos, al que asisten, además de las discípulas, las mejores boleras de esta capital, y además un cuarteto compuesto de dos gitanas y cantadores y tocadores de guitarra de los más afamados.
>
> Gacetillas como esta nos cuentan las expectativas que creaban estas gitanillas, así como la popularidad de que disfrutaban. Valga de muestra la siguiente, aparecida el 10 de diciembre de 1862.

Esta noticia trae alborotados a los extranjeros, constándonos que algunos que se hallaban aquí no sólo han suspendido su marcha, sino que han escrito a otros paisanos a Cádiz y a Jerez para que se preparen a asistir al baile de gitanos que el último día de Pascuas tendrá lugar en el salón de Oriente.

Fiestas y funciones como las que hemos descrito se organizarían también en Cádiz, Jerez, Málaga, otras poblaciones andaluzas y, por supuesto, en Madrid –para las cosas flamencas Madrid siempre ha sido otra provincia andaluza–. Allí las denominaban "conciertos gitanescos" y las protagonizaban quienes ya habían alcanzado fama por sus habilidades para el cante o el baile. Eduardo Velaz de Medrano da noticias de una de ellas en *La España*, el 18 y el 19 de febrero de 1853. Se organizó en los Salones de Vensano –originalmente la academia de baile de Enrique Vensano– y en ella participó "lo más escogido entre los flamencos que se hallan actualmente en Madrid", así como una "preciosa gitanilla de rumbo y singular salero, que amenizó la fiesta con su baile". Luego, al día siguiente, escribía:

> La reina de la fiesta fue una hija de Juan de Dios, linda criatura, que con sus quiebros y salero dejó absortos a todos. ¡Jesús, y qué *pinreles*! No había *clisos bastantes para admirar tanta sandunga.*

Las gacetillas de Velaz de Medrano dan cuenta asimismo de quienes las frecuentaban, así como de la curiosidad que despertaban:

> La reunión se componía de más de cien personas de todas clases y condiciones; diputados, gobernadores de provincia, literatos, capitalistas y hombres de ciencia. Sentados alrededor de una gran mesa, estaban los artistas de sombrero calañés, cantando y tocando la guitarra, con gran aplauso del entusiasmado concurso (...) El sarao duró desde las nueve de la noche hasta las tres de la madrugada.

El baile que hacían estas gitanillas era bien distinto al que interpretaban las bailarinas boleras. Había en él una frescura y una espontaneidad que lo acercaban a las raíces del baile popular. Fue, como ya hemos anticipado, uno de los ingredientes fundamentales de lo que muy pocos años después ya era denominado "flamenco".

5. Primeros bailes flamencos

Los primeros bailes genuinamente flamencos que se hacen en los salones sevillanos son los llamados "bailes de jaleos", los juguetillos y las soledaes.

Bailes de jaleos

Entre los jaleos, generalmente se incluían el vito y los panaderos. Todos se bailaban, como anuncian a partir de 1851 las gacetillas de la prensa sevillana, acompañados de cante y de guitarra. Los hacían las gitanillas de la Cava de Triana y las boleras andaluzas. En ellos se fundía esa "graciosa elegancia y compostura" que se alababa en las interpretaciones que Dolores Olier hacía de ellos, la "finura y precisión" –rasgos destacados de los jaleos de Josefa Moreno–, la elegancia y el braceo de la escuela bolera con la garra, la gracia y, sobre todo, el "brío" que sin duda le darían las gitanas, ese brío que también le daba a sus mudanzas la sin par Campanera, como no dejó de contarnos en sus escritos el francés Davillier:

> La Campanera tomó posiciones, sola en medio de un círculo, para danzar el jaleo de Jerez, del que ejecutó las primeras mudanzas con mucho brío.

Un rasgo que es fácil identificar con la viveza y la fuerza temperamental que caracterizaba el baile de las hijas de la raza cañí y que hoy es una de las características diferenciadoras del baile flamenco.

Juguetillos

Este repertorio básico se amplía, en la década de los sesenta, con los juguetillos, padres de las actuales alegrías gaditanas. Los anuncia una gacetilla de la función del Salón Oriente, publicada el 23 de junio de 1864. En ella, se mencionan los "Panaderos de los Ventorrillos en Puerta Tierra de Cádiz", para añadir a continuación "Además se cantarán juguetillos del mayor gusto". Su primera mención como baile aparece unos años después, exactamente el 10 de agosto de 1867, para la función que tendría lugar en el Salón del Recreo. Los interpretaron la gaditana Isabel Jiménez, la trianera Angustias Cruz, Antonio *el Pintor* y José García *el Quiqui*, acompañados al cante por Juan *el Malagueño*, Elena Virilo y El Quiqui. En esa gacetilla se hace, además, una relación de los bailes que entonces se incluían en el grupo de los juguetillos –los aranditos, los panaderos y la romera–, así como de algunas de sus variantes. Así, al aludir a Isabel Jiménez, se dice: "los bailará a estilo de los Puertos". Otra posible variante de los juguetillos serían el amorano y las alianas que, según *El Porvenir* de Jerez de 31 de octubre de 1867, bailaría el gaditano José Bernal, conocido por La Lullera, en la función a beneficio de Diego García que se daría ese día en el Teatro Principal de Jerez.

Soledaes

Completan este primer repertorio flamenco de los salones de Sevilla las soleares, llamadas todavía "soledaes" e interpretadas en los teatros, desde mediados del XIX, en donde las bailaban las más prestigiosas boleras de la época. Eran números que formaban parte de composiciones mayores, pero gozaban ya de un especial atractivo, ya que eran anunciadas de manera expresa. En efecto, el 13 de mayo de 1855 dicen los papeles "se bailará *La sal de Andalucía* por la señorita Cejuela, que bailará la soleá" y el 7 de julio de ese mismo año, "seguirá *El rumbo macareno* en el que la señorita Sojuela bailará la soleá". Otra interesante nota, publicada el 6 de marzo de 1855 en *El Porvenir* de Sevilla, nos dice también "veremos bailar La soledad granadina a la señorita Menéndez" y, todavía en la década de los sesenta, volvemos a tener noticia de estas soleares que hacían las primeras boleras andaluzas. Es en un anuncio de las funciones del Teatro San Fernando de Sevilla, fechado el 22 de febrero de 1862, en el que se nos dice que la famosa bolera Petra Cámara interpretaría "la Soledá de Villegas", acompañada por el cantaor Enrique Prado. Un nuevo paso en ese camino de síntesis y fusiones que estaba dando vida al flamenco.

Por estos años, la soleá pasa de los teatros a los salones y con ella se completa el primer repertorio de bailes flamencos. El 23 de mayo de 1863

Gran Fiesta Andaluza

EN EL ELEGANTE

SALON DEL RECREO,

Situado en la Campana, calle Tarifa núm. 1.

CON PERMISO DEL SR. GOBERNADOR Y BAJO LA DIRECCION DE D. LUIS BOTELLA,

Funcion para el SÁBADO 10 de Agosto de 1867.

En la noche de este dia y á peticion de muchas personas que asistieron al baile anterior, el Director ha determinado dar un sobresaliente ensayo de TOQUES, BAILES y CANTOS ANDALUCES, en los mismos términos que el que tuvo lugar en la noche del Sábado pasado y con las mismas personas que tomaron parte en él, siendo esta la aplaudida cantadora, JUANILLA de Cádiz, conocida por la SANDITA, JUAN el MALAGUEÑO, ANTONIO RIOS conocido por MARTINILLO, y en obsequio al Director, tomará parte en la funcion de este dia el aplaudido MANUEL PAN Y AGUA, conocido por el TIO de la ZALEA, por lo que espero que el público que nos honra con su asistencia quedarán enteramente conmplacidos.

ORDEN DE LA FUNCION.

1.°—Por **Fernando Martinez** se tocarán Soledaes de varias clases que serán cantadas por **José Garcia, Quiqui** y bailadas por **Angustia Cruz**, del barrio de Triana.

2.°—Por el aplaudido **Juan el Malagueño**, se cantarán Juguetillos y charangas que serán bailadas por **Isabel Jimenez** y el aplaudido **Antonio Paez**, conocido por el PINTOR.

3.°—Por la **Juanilla** conocida por la SANDITA, se cantarán varias Soledaes y Juguetes que serán bailados por el referido QUIQUI y de seguida el simpático **Martinillo** cantará Polos, Cañas y Soledaes.

DESCANSO DE 15 MINUTOS.

4.°—Por **Elena Virilo** se cantarán Juguetes de diferentes clases, Arandítos y Panaderos, que los bailará **Isabel Jimenez** á estilo de los Puertos.

5.°—Por el referido **Malagueño** se cantará la bonita tonada del Redondo y la Romera, que serán bailadas por los aplaudidos bailadores ANTONIO PAEZ el PINTOR y JOSÉ GARCIA (QUIQUI), de seguida **Manuel Pan y Agua** que es el TIO de la **Zalea**, cantará varias Soledaes y Seguidillas jitanas, con sus pregones de ZALEA.

6.°—Por la JUANILLA y el referido MARTIN, se cantarán varios pares de Seguidillas, concluyendo la JUANILLA con tonadas y Livianas.

DESCANSO.

7.°—Por el **Malagueño**, se cantarán varios pares de Seguidillas, concluyendo con las inimitables Serranas. De seguida el QUIQUI y la VIRILO cantarán varias Soledaes y Juguetes que serán bailadas por **Angustia Cruz** y el PINTOR.

8.°—Por el **Malagueño** se tocará un precioso Zapateado de Cádiz, que será bailado por la ágil gaditana ISABEL JIMENEZ y de seguida se cantarán Rondeñas del Negro y las legítimas Malagueñas por la **Virilo** y el **Malagueño**.

9.°—Por **Antonio Rios** se tocarán y cantarán varios Juguetes y Soledaes que serán bailadas por el QUIQUI. Concluyendo por cantar á duo unas bonitas danzas.

El Salon se abrirá á las 9 de la noche y dará principio á las 9 y media en punto.

NOTA.=Todos los que toman parte en la funcion cantarán y bailarán para complacer al público, hasta la hora de concluir.

Sevilla 1867.=Imp. de M. Casao y Comp., calle Manteros núm. 9, 2.°

Publicidad de El Salón del Recreo (Sevilla).

se anuncia con el término "soledá", en el Salón Oriente, y el 10 de agosto de 1867 las bailan Angustias Cruz, Antonio *el Pintor,* acompañados por el cante de El Quiqui y La Virilo, y también lo hace El Quiqui, con el cante de Juana *la Sandita* y la guitarra de Antonio Ríos.

Estos bailes, mucho más vivos que las actuales soleares –por eso se solían incluir junto a los populares juguetillos–, se inspirarían sin duda en los famosos jaleos de Jerez y gaditanos, así como en los antiguos jaleos populares, unos bailes que todavía se bailaban con este nombre casi a finales del XIX. Lo demuestra una nota publicada en *El Cronista* el 30 de abril de 1888, en la que se describía una fiesta dada por Gallito, el popular diestro de los toros. Decía así:

> Primó más que algún otro el jaleo, que es el baile andaluz por excelencia, y el que más arte y más gracia requiere, sin duda por ser el que más efectos expresa con sus múltiples figuras. Hay que ver a una mujer hermosa cómo, al compás de la música de este baile que parece compuesto de gemidos de dolor y gritos de alegría, se mueve y contonea en mil giros diversos, y cómo en sus airosos movimientos y expresivas posiciones encanta, arroba y embriaga, haciendo surgir fantásticos ensueños de delicias, ya extiende sus brazos ofreciéndolos como amorosa cuna, ya dulcemente los recoge como si a alguien abrazaran, ya sonriente y placentera inclina lánguidamente la cabeza, y tierna su mirada parece ofrecer su mejilla, ya como arrepentida y ruborosa se retira como avergonzada de la erótica expansión. Y cómo presa por amorosa fiebre, torna con más provocativos movimientos, y las deleitables ondulaciones y lánguidos cimbreos del cuerpo derraman gracia y sentimiento que ya no sólo atacan los sentidos, sino que se apoderan del espíritu engolfándolo en sueños que duran todavía cuando el baile ha acabado. Es un cuadro completo, una obra de arte.

Finalmente, de la relación que existía entre los jaleos y las primitivas soleares, así como de la pervivencia de los primeros, nos da testimonio en 1879 Antonio Machado y Álvarez en "Cantes Flamencos I", publicado en *La Enciclopedia,* el 25 de octubre de 1879.

> Estas composiciones, designadas también por el pueblo con los nombres de soleás, soleaes y soleares, llamábanse años atrás más especialmente, y aún se llaman hoy, coplas de jaleo.

6. Cafés de cante

Los cafés de cante fueron la réplica andaluza y flamenca de los cafés *chantant* que se popularizaron en Europa hacia las últimas décadas del siglo XIX. En ellos, se forjó el baile flamenco tal y como hoy lo conocemos. En ellos, alcanzó su mayoría de edad, codificándose definitivamente, y gracias a ellos se abrieron las puertas de un nuevo mercado que propició la profesionalización de muchos artistas. En ellos, en fin, lucieron su arte y lograron fama y renombre cuantos tenían cualidades para el baile y con ellos este creció e inició una carrera de enriquecimiento que llega hasta nuestros días.

Desde 1870, y especialmente en la década de los ochenta y noventa de esa centuria, al calor de una afición que no cesa de aumentar, se abren los llamados "cafés de cante" en casi toda España. En unos, el flamenco era el protagonista de su programación; en otros, se ofreció de una forma más o menos esporádica. En la mayoría, el flamenco compartió cartel y tablas con los bailes boleros y con las llamadas *artes escénicas menores*, las *varietés*, las representaciones *cómico-jocosas*, el arte *frívolo* y el género *ínfimo*. Unos permanecieron abiertos años y años; otros fueron sólo flor de un día. Algunos forman parte de la historia del flamenco; de otros no se recuerda hoy ni el nombre.

El más importante en nuestra historia es el que, desde 1871, se llamó Café de Silverio. Ese año, el cantaor Silverio Franconetti se hace cargo del que hasta ese momento había sido el Salón del Recreo, sito en la sevillana calle Tarifa, y con él el establecimiento adquiere un carácter netamente flamenco. En 1880, pasa a ser propiedad suya y de su socio, Manuel Ojeda, conocido en el mundillo artístico como El Burrero. Entonces el café cambia de nombre y toma el de Café de la Escalerilla. Sin embargo, esta sociedad dura muy poco y un año después Ojeda se queda él solo con el café, que se conocerá desde entonces como Café del Burrero. En los setenta funcionan también en Sevilla el Café del Arenal, el Café de los Cagajones, el Café de Variedades, el Sevillano, el Café de las Triperas, el Apolo, el Café Correo, el Café Filarmónico, el Café de los Carros y el Café de San Agustín; en Cádiz, el Café Madrid y el Café del Recreo; en Jerez, el Café del Conde y el de la Veracruz; en Málaga el Café Sin Techo, el Café de la Loba y el de las Siete Revueltas; en Córdoba el Café del Recreo; en Huelva el Café cantante de Silverio; en Almería el Salón del Sol, el Café de los Amigos, el Casino Almeriense y el Café del Comercio; en Madrid el Salón Capellanes, el Café de la Bolsa, el Café del Vapor, el Café Neptuno, el Café San Joaquín y el Cuatro Naciones; en Barcelona, el Café de la Alegría; en Cartagena el Café cantante en la Plaza del Rey y el Café cantante en la Plaza de la Merced.

La afición por el flamenco no deja de crecer en todo lo que resta de siglo y, al calor de la demanda de espectáculos públicos que esta supone, se siguen abriendo cientos de nuevos locales para el cante y el baile. En 1881, como ya hemos anticipado, se inauguran en Sevilla el Café del Burrero y el que, desecha la sociedad de Ojeda y Franconetti, abre el cantaor en la calle del Rosario, de nuevo con el nombre de Café de Silverio. Luego, en 1897, abriría sus puertas, también en Sevilla, el Café Novedades. Durante la década de los setenta y ochenta ofrecen flamenco en Madrid el Café de la Marina, el Café Romero, el Café de la Magdalena, el Imparcial, el Café del Puerto, el Corrales, el Café del Carmen, el Café de don Críspulo, el Café del Brillante, el Café del Pez, el del Progreso, el Café de Naranjeros y el Café de la Encomienda; en Barcelona, el Café La Unión, el Café Sevillano, Casa Macià, el Café de Sevilla, el Café de la Bolsa y el de la Mezquita; en Málaga el Café Chinitas, el Café España, el Café Suizo, el Café de la Independencia y el Universal; en Granada el Café Comercio, el Café de la Plaza de la Marina y el Café Cantante Granadino; en Jerez el Salón Cantante Variedades, el Café Cantante del Teatro Principal y el Café de Rogelio; en Almería, el Café Novedades, la Cervecería Inglesa, el Café de Santo Domingo, el Suizo, el Café Teatro Variedades y el Café Apolo; en Jaén el Café Morales; en Linares el Café Minero y el de los Merelos; en Cartagena el Café cantante del Muelle, el Café del Sol, el Café Habanero, el Salón-café cantante de San Fernando, el Café El Recreo, el Café de la

Iberia, el de La Marina, el Café El Suizo, el Café del Comercio y el Café de San Agustín; en La Unión el Café Cantante del Estrecho, el de los bajos del Casino de El Garbanzal, el Café Cantante de El Rojo, el Café Habanero, el Café de Peteneras de Portman; en Badajoz el Café Novedades; en Santander el Café del Brillante, el Café del Vapor y el Novedades; en Oviedo el Café Ambos Mundos y el Madrid; en Bilbao el Café de las Columnas. Y por supuesto hubo también cafés cantantes en casi todos los pueblos medianamente florecientes de las provincias de Sevilla, Cádiz y Málaga.

Sin embargo, el ambiente que reinaba en estos locales en poco se parecía al de sus antecesores las academias y salones de Sevilla. En ellos hubo y pasó de todo. Se bebía con largueza –el alcohol era la fuente principal de ingresos del propietario–. De que se consumiese cuanto más mejor se encargaban además las mismas artistas que luego subían a las tablas. En muchos, el juego era también una de sus actividades cotidianas. Y, claro, entre la bebida, el juego y los amoríos, las riñas y peleas eran cosa de cada día, por eso la sociedad *bien pensante* los llamó "centros de inmoralidad" y "casas de desmoralización".

Parroquianos

La mayoría de quienes acudían a estos locales eran gentes de campo y comerciantes que aprovechaban sus viajes a las capitales para disfrutar un poco con el flamenco, jugarse unas pesetillas y, si se encartaba, echarse una canilla al aire. Pierre Louÿs, el novelista francés que frecuentó el Burrero durante su estancia en Sevilla en 1895, nos ha dejado, en la carta que envía a su hermano Georges, el 10 de febrero de 1895, la descripción más objetiva y aséptica de esta concurrencia:

> Público compuesto exclusivamente por una centena de campesinos bien vestidos. Ni un solo sevillano de la sociedad se deja ver por aquí.

Junto a ellos, en número sin duda menor, habría también algún que otro jornalero tan irresponsable como amante de la jarana. A ellos se refería el gacetillero que decía en *El Porvenir* del 14 de agosto de 1885:

Constantin Meunier. *Café del Burrero*. 1882-1883.

> Padres de familia llegan a sus casas sin su corto jornal; jóvenes que debían ser el apoyo de sus padres pierden hasta el último céntimo, sin que en su casa puedan averiguar dónde ni cómo han dilapidado el fruto de una semana de trabajo.

Otra descripción de los parroquianos del café de cante, mucho más llamativa, aunque posiblemente algo más alejada de la realidad, es la que debemos a la pluma de Carlos Reyles, que en su novela *El embrujo de Sevilla* (Buenos Aires, 1941) evoca así el ambiente y la clientela de El Tronío, una réplica literaria del famoso Café de Silverio:

> Los parroquianos de tanda, que así les llaman a los que concurren diariamente al establecimiento, ocupan ciertas mesas, las mejor ubicadas. Sin preguntarles cosa alguna, los mozos les sirven una taza de humeante café y la consabida copa de Cazalla, Rute o Chinchón. Los buenos sevillanos acódanse sobre los amarillentos mármoles, y con el mondadientes en la boca, y el cordobés sobre los ojos gitanos o en la nuca, hablan, por lo general, de toros, amoríos y valentías, acompañando las palabras con ademanes y gestos como sacados de quicio por el perpetuo bullir de la sangre, siempre moza. Frecuentemente se oyen sonoras palmadas, estrepitosos ruidos de sillas, risas y juramentos. Pero nadie se alarma. El meter bulla está en el orden, y no puede ser por menos, dada la composición de la concurrencia. Abundan los rasgos quevedescos, los trazos velazqueños, las pinceladas goyescas. Vense muchas coletas de diestros y de novicios, tufos relucientes de la Macarena, rostros rasurados del Mataero, gachós de Triana, niños de la Cava, hábiles en las astucias de los Alfaraches, los Cortadillos y los Gineses; algunos menestrales que, con detrimento del garbanzo, se dejan allí las dos pesetas ganadas en el día sobre los andamios o detrás del obrador, tal cual señorito de rumbo, y no pocos comerciantes, labradores y tratantes de bestias, circunspectos, bien trajeados, pulcros, aficionados al buen café y al buen cante y que apuran lo uno y oyen lo otro con unción cuasi religiosa. Estas dignísimas personas no prorrumpen en alegres olés cuando se arrancan los del cante, ni jalean a las bailadoras, ni se corren a convidar a los artistas con unas cañas al descender del tablao y desperdigarse por las mesas de los amigos, para apurar el gasto, entre cuadro y cuadro. Les sonríen al pasar, y a punto seguido, cambiando repentinamente de fisonomía como quien se quita una careta y se pone otra,

> hablan, plegadas las cejas de astracán sobre los ojos inquisidores, de la alza o la baja del aceite, de las perspectivas halagadoras o malejas de las cosechas, de la peste de los malditos cochinos, de las próximas ferias de Mairena, de Carmona, de Utrera... Son gentes graves, de peso; dan la impresión de las cosas bien acomodadas a su fin, y de arraigar en lo útil y necesario, como las peñas en la playa. Junto a ellos, los otros semejan los granos de arena que arrastra el viento.
>
> 'El Tronío' es, no sólo la Meca del cante, toque y baile flamencos, donde se conservan las viejas tradiciones de ese extraño arte o acrisolan sus nuevas modalidades, sino también una especie de lonja, en la que se cotizan los méritos de la gente de coleta y los artistas del tablao, y negocian al mismo tiempo, entre trago y trago, y copla y copla, mostos, aceitunas, jumentos y bestias. Los empresarios firman allí muchas contratas; chalanes, corredores de granos, vinos y aceites, y hasta agentes de banca y usureros, tienen abiertas, cada cual en su respectiva mesa, las oficinas de sus negocios, lo cual da pie, durante el día, a un bullicioso salir y entrar de gentes de todas clases y cataduras, que dilatan luego por todo Sevilla, y aun por buena parte de España, la influencia económico-artística del café.

Y tal vez tan pintorescos como estos personajes resultarían los que asistían regularmente al Café de Silverio, para tomar por escrito las coplas que oían a los cantaores y charlar después amistosamente con el maestro Franconetti: el primer folclorista español don Antonio Machado y Álvarez y sus insignes acompañantes Francisco Rodríguez Marín, Hugo Schuchardt, Luis Montoto o Manuel Díaz Martín. Nos lo cuenta uno de ellos, el ursaonense Rodríguez Marín en *El Alma de Andalucía en sus mejores coplas amorosas* (Madrid, 1929):

> Yo –perdóneseme la jactancia– cursé estudios por sus principios y trámites, y fui, al par que discípulo, condiscípulo de don Antonio Machado, cuando entrambos, por los años de 1880 a 1882, asistíamos como alumnos libres a la cátedra sevillana del gran Silverio Franconetti (al Salón de Silverio, calle del Rosario), no sólo para escuchar a los cantaores y tocaores de su tablao, sino, lo que es mucho más, para conversar amistosa y casi diariamente con aquel rey de los cantaores, que estempló a la mismísima María Borrico, reina de la playera, allá en los años postreros de la monarquía de Isabel II.

Locales

El café de cante se ubicaba generalmente en un patio o salón de grandes proporciones de paredes blancas y su iluminación consistía en candiles de aceite o mecheros de gas. Para el público, se disponían mesas de pino rodeadas de sillas de anea. El escenario o tablao estaba situado en uno de los lados y solía decorarse con grandes espejos. Tenía también unas cortinas laterales que ocultaban las entradas de los artistas. A ambos lados de este tablao estaban los palcos o *gabinetes*, que se reservaban para aquellos clientes que se dejaban una buena pasta cada noche. Desde ellos gozaban de una posición privilegiada para contemplar el espectáculo sin tener que verse rodeados por el resto de la clientela. Luego, una vez terminada la última función, no tenían más que correr las cortinas y allí mismo podían organizar sus buenas fiestas privadas.

Por fortuna, se conservan algunas fotografías, así como abundantes descripciones que recogen todo el pintoresquismo de estos lugares. De las primeras la más conocida es la que parece ser que tomó Emilio Beauchy del famoso café de El Burrero y que sirvió de base para el dibujo que hizo José García Ramos de ese mismo local. A continuación, recogemos la descripción que hizo Carlos Reyles del ya citado El Tronío, basada en su principal competidor, el Café de Silverio:

> Éste ocupa un vetusto edificio de techo de teja, cubierto de jaramagos y verdín, balconada de hierro y ancho patio de mármol blanco, con alicatado de desvanecidos azulejos y columnas de capitel mudéjar. En el centro del patio ríe una fuente diminuta, de mármol también, rodeada de tiestos de flores. Un chorrito de agua retozón surge de la fuente, se abre a un metro de altura y cae como una lluvia de diamantes en el tazón sonoro. La luz entra por una claraboya de cristales coloreados, cerrada en invierno, abierta e interceptada con un toldo, que imita una manta jerezana, en los rigores de la canícula; por ese arte, el patio se conserva luminoso y tibio en la estación fría, velado y fresco en el verano. Y en el ancho patio de paredes enjalbegadas de cal, bajo los corredores que forman abajo las galerías altas, y frente a frente, se hacen guiños y prestan mutua y eficaz ayuda al tablao y el mostrador, la gracia y el negocio. El resto del espacioso recinto lo ocupan las mesas. Los gabinetes

reservados están instalados en el piso alto y disponen de una porción de la galería, apañada a manera de palco. Desde allí se puede presenciar recatadamente el espectáculo del tablao y la concurrencia de la sala. A esos gabinetes misteriosos, para los boqueras y granujillas cielos del Profeta, se asciende por la escalera principal ubicada en un ángulo del patio, y también por otra secreta, con entrada propia por el fondo del edificio, que da a una callejuela estrechísima y sombría. Cuando concluyen los cuadros, en el café principian las juergas a puerta cerrada en los gabinetes. Las hembras de la casa suben a ellos por la escalera principal; otras de fuera, solas o acompañadas, hacen lo propio; algunas gachís de trapío y tal cual tapada, recogida la pollera, el rostro oculto en el embozo del mantón o los pliegues de la mantilla, ascienden furtivamente la angosta escalera del fondo, mostrando unos pies arqueados y como tendidos siempre para disparar la amorosa flecha.

Artistas

El elenco artístico de estos cafés estaba formado por un bailaor, tres o cuatro bailaoras, un guitarrista, el cantaor o cantaora y otras cuatro o cinco mozas que acompañaban a los protagonistas de cada función tocando las palmas y, cuando el dueño del local juzgaba que estaban preparadas para ello, haciéndose también sus propios bailecitos. Estos artistas se colocaban en unas sillas dispuestas al efecto y el espectáculo comenzaba cuando así lo decidían los guitarristas. Robert B. Cunningham Graham nos describe así en *Aurora la Cujiñí: una semblanza realista en Sevilla* (Londres, 1898) a los artistas que allá por 1898 formaban el cuadro del Burrero:

> En el fondo del escenario, en fila, como las flores de un jardín municipal, llenas de chafarrinones como las damas de los cuadros de Velázquez, lo cual les daba un aire artificial y guiñolesco; por debajo de las faldas asomaban sus pobres botines de tacones carcomidos; llevaban el pelo recogido en un moño alto, rematado por una peineta, y una flor roja detrás de la oreja. Pero tampoco este tocado bastaba para redimirlas del aire general de pobretería que las impregnaba.
>
> Esperaban que les llegase el turno de actuar, y mientras tanto fumaban, se pellizcaban unas a otras, cruzaban bromas con sus amistades del público, y de vez en cuando una se levantaba y se dirigía a uno de los espejos que había

> a un lado y otro del escenario, para arreglarse el pelo y sacudirse el vestido, como un pájaro que se sacude las plumas después de rodar en el polvo.

Una vez iniciado cada pase, los parroquianos intervenían a su manera. Unos marcando el compás, otros jaleando a los artistas y todos dándoles calurosos aplausos al finalizar cada actuación. Nos lo cuenta así J. Olivares de la Peña en *El mundo en la mano* (Barcelona, 1878):

> De súbito se deja oír el rasgueo de la guitarra, acompañado del palmoteo y los golpes que con el talón de las botas dan los bailadores sobre el tablado. Las miradas y la atención del auditorio convergen unánimes sobre los actores de la escena. El cantaor empuña al mismo tiempo un bastón o un flexible junco con el cual va golpeando el suelo o el travesaño de la silla al compás de la música y según lo requiera el caso; los concurrentes al propio tiempo lo marcan dando sobre la mesa con los nudillos o las cañas vacías; y cuando aquél, no pudiendo reprimir el aliento por más tiempo –que en respirar todo lo menos posible estriba la gracia del buen cantaor–, cárdeno el semblante, exhala la cadencia final, rompen los concurrentes en nutridos aplausos, estrepitosos olés y gritos de ¡viva mi tierra! y los bailaores se plantan de un brinco en medio del tablado.

En estos locales y en estos reducidos tablaos el baile flamenco alcanzó su mayoría de edad. En ellos lucieron las bailaoras de rumbo sus batas de cola y sus mantones de manila. Fue también en aquellos rústicos tablaos donde los bailaores aprendieron a hacer música con sus pies. Y, condicionado por ellos, adquirió algunos de los rasgos y atributos que pueden considerarse privativos suyos: especialmente, su carácter de baile introvertido e íntimo. Por eso, el baile flamenco no ha precisado de grandes espacios para transmitir toda la carga de sentimientos del alma andaluza.

7. El baile en las décadas finales del XIX

Los bailes flamencos que se hacían en los cafés de cante durante las últimas décadas del siglo XIX eran las alegrías, las soleares, los tangos y los zapateados. Eran todos bailes de escasa duración, apenas unos minutos en los que cada artista tenía que demostrar su valía, ganarse al público y justificar el lugar que ocupaba entre los ídolos de la parroquia de cada café. Y, sobre todo, tenía que imprimir a cada baile el sello de su propia personalidad artística, de tal manera que, aunque todas las bailaoras hiciesen el mismo baile –ese fue el caso de las alegrías–, el espectáculo resultase variado.

Aquellos días había además una línea infranqueable entre lo que se ha llamado baile de hombre y baile de mujer, aunque como ha ocurrido después, más de una bailaora no dudase en ponerse unos pantalones y lucirse en el zapateado. El baile de mujer era "de cintura para arriba", es decir, garbo en la figura, movimientos de caderas, giros y quiebros, braceos, juego de manos, muy breves apuntes de pies y mucha expresividad en la cara. Por contra, el baile de hombre era sobrio, de figura erguida y bien compuesta y se lucía "de cintura para abajo" con zapateados que eran auténticas filigranas musicales.

Alegrías

De todo el repertorio que hemos citado al principio, las alegrías eran, sin duda, el estilo que más atraía a la clientela de estos locales. Era un baile esencialmente festivo, que conjugaba a la perfección la gracia y el compás. Un baile que se distinguía por el donaire, la espontaneidad y la frescura con que era interpretado. Un baile que servía de verdadera piedra de toque para juzgar el talento y la personalidad de una artista. En muchos casos, era además un auténtico *tour-de-force*, porque había bailaoras que no sólo las bailaban, sino que las acompañaban con sus propios cantecitos. Carlos Reyles, en su obra ya citada, nos ha reconstruido también una extensa e interesantísima descripción de este baile:

> Los tocadores verificaron el temple, las guitarras sonaron con más brío, y por el fondo del tablao apareció la Trianera, envuelta, como en un capote de paseo, en su pañolón de Manila, el sombrero ancho sobre la oreja, el pitillo humeante en la boca. Olés, vivas y aplausos atronadores la saludaron. Por su provocativa belleza, picante gracia, ojos gachones y presumidos andares, a los parroquianos se les antojaba aquella primorosa muñeca la encarnación viviente, no ya de la maja graciosa y brava, sino de la mismísima Andalucía. Taconeando levemente y mirando de soslayo, como si mimase el cadencioso paso de la andaluza, dio dos vueltas al tablao, ejecutando así su especial salida por alegrías, que las gentes habían dado en llamar el *paseo de la Pura*. Luego, desde el fondo, se vino sobre el público, acentuando el taconeo, hiriendo las tablas cada vez con más precisión y nervio, y cuando llegó al borde del tablao dio una rapidísima vuelta sobre sí, despojándose al propio tiempo del pañolón, el cordobés y el pitillo, y quedó clavada frente al público, en jarras, la cabeza soberbiamente hacia atrás, los ojos entornados, provocativos los firmes y menudos pechos, la boca sonriente, húmeda, roja, brindando amores y pecados, como una granada abierta su pulpa sanguínea.
>
> Estallaron los olés; algunos sombreros rodaron a los pies de la bailadora, púsose grave, echó las manos a lo alto, en vivo revoloteo, y empezó a ondular las caderas de un modo apenas perceptible, mientras los brazos, serpientes tentadoras, dibujaban en el aire graciosos arabescos, perezosas caricias, espasmos eróticos. Parecía ritmar los ruegos y las ansias del amor naciente, sentido por una hembra de Triana. Poco a poco la maja de Goya se desvanecía y surgía la gitana de arrullos de paloma y prontos de fiera. En el blanco crudo de la pared, sobre el que, agrandada, se diseñaba vigorosamente la retorcida silueta de la Pura, las curvas de su cuerpo se hacían más voluptuosas, las ondulaciones más lúbricas. (...) La Trianera, sintiendo ya arder su sangre de bailadora con las ansias violentas que leía en los rostros congestionados de los hombres, acentuaba los arrestos y los desplantes, e imprimiéndoles con las piernas y las caderas sacudidas y estremecimientos realmente carnales a las faldas de faralaes gitanos y amplia cola, encogía y estiraba el cuerpo elástico; echaba adelante el empeine con impúdico brío al avanzar taconeando, retrepaba el opulento busto, parábase en firme y

volvía a comenzar el *pa ta pan, pa ta pan*, obsesivamente, ora lánguidamente, ora aprisa, en tanto que mimaba con pasmosa virtuosidad no ya las ansias y los ruegos del divino deseo, sino los ímpetus y los desmayos de la batalla amorosa, subrayando con guiños, sonrisas y gestos la intención de las paradas y los contrastes. Fuera de sí, la gente de bronce prorrumpía en gritos de un entusiasmo mitad libidinoso, mitad matón. Aquel baile, trasunto fiel de la voluptuosidad mora y del orgullo español, les envolvía en los antros más recónditos del alma los instintos obscuros, las levaduras extrañas de abandono e imperio, de dolor y placer, de vida y muerte, que fermentan en el fondo de todo erotismo. Entretanto, el cantador, con voz cada vez más cálida y pujante, seguía desgranando su copla:

Mi compañera, cuando va andando,
Rosas y lirios,
Rosas y lirios,
Rosas y lirios,
Rosas y lirios va derramando...

Al concluirla terminaron también los rasgueaos y dieron principio las falsetas y los fililíes de las guitarras, que la bailadora seguía con un pie pulido. El mantón entallado, rojo como el clavel que mecía en el moño de la Pura, y la boca de nieve y sangre, fascinaban tanto como los primores del pie o el fuego de los ojos de aquella flor de Triana. (...) Y sonó otra vez, más violento, el toque rasgueado; las palmas hiciéronse más aturdidoras, el taconeo más vivo y más estridente el cante. El baile llegaba al paroxismo de la locura. Era una agonía rabiosa, un frenesí dionisíaco que se comunicaba a todos los asistentes. Los quiebros de cintura, los golpes de cadera, los desplantes provocadores, los trenzados arabescos de los pies, el aleteo de las manos, arrancaban gritos delirantes en la sala y en el tablao. Los acompasados golpes de bastón hacían oscilar las copas; las luces parecían borrachas. Los tocadores golpeaban las cuerdas con las guitarras puestas de punta sobre las rodillas y el cuerpo hecho un epiléptico garabato. Y la Pura seguía el ritmo de la frenética música, pálida, desencajado el rostro, crispados los labios, revueltos los ojos. De repente, adelantándose hacia el público y levantándose las faldas hasta más arriba de las rodillas con un brusco manoteo, se puso en jarras, la cabeza caída hacia atrás como en un desmayo, el cuello estirado, arqueado el pecho, y así permaneció algunos instantes, casi inmóvil de medio cuerpo arriba, mientras los pies ejecutaban un rítmico repique que sólo dejaba descender la blanca pollera poco a poco, como un telón...

> El tablao quedó literalmente cubierto de sombreros; muchos parroquianos se habían subido sobre las sillas y hasta sobre las mesas, y aplaudían rabiosamente.

Entre quienes alcanzaron fama y renombre interpretándolas cabe destacar a Rosario Monge *la Mejorana*. Otras bailaoras de rumbo que embelesaban cada noche a los parroquianos de los más importantes cafés de cante fueron La Chorrúa, Gabriela Ortega, las jerezanas Fernanda Antúnez y su hermana Juana, Concha *la Carbonera* y, por supuesto, Juana *la Macarrona* y Magdalena Seda *la Malena*. Entre los bailaores, destacaron asimismo Antonio *el de Bilbao*, Faíco y el Estampío. Y, junto a ellos, sería injusto ignorar a todos esos gaditanos que supieron imprimirle toda la gracia que adorna a cuantos han tenido la dicha de venir al mundo en la tacita de plata: Romero *el Tito*, al que se le atribuye la creación de la romera y un muy personal baile por caracoles; el Moreno de Rota, Porroto *el de Juana* y el Gordito, de la familia de los Espeleta, así como Manuel Cortés, Carmen Rodríguez *la Niña de Cádiz* y la sevillana Milagros Fernández. Había también artistas llamados "chufleros" que hacían de las alegrías un baile esencialmente cómico, en el que fundían a su manera la gracia y el salero con el ingenio y la guasa, divirtiendo a todos con sus cosas y elevando la broma a la categoría de arte. Todavía se recuerdan los nombres de Vicente Vives *el Colorao* y Francisco Ortega Feria, el popular *Paquiro*, que actuaba a principios de siglo en el Novedades sevillano. Con él compartía escenario otro consumado maestro de las alegrías, El Churri, también gaditano.

Soleares

La soleá daba el tono jondo del baile de los cafés de cante. Era, como hoy es, un baile pausado y elegante, con el que se podían transmitir todos los sentimientos que el cante hacía sentir a la bailaora –la soleá era entonces un baile exclusivo de mujer–. En la soleá había recuerdos de los antiguos jaleos y detalles de las que se conocían por Soleares de Arcas, uno de los más importantes antecesores de la soleá flamenca. La soleá se alimentó además de las alegrías, de las que tomó prestados muchos pasos y movimientos. Una

El Tango. Postal de época.

similitud que jugó en su contra, ya que, como decía Rafael Marín (*Método de guitarra flamenca*, Madrid, 1912), comparada con ellas resultaba un baile "mucho más monótono y menos airoso", un hecho que probablemente explique lo poco que solía prodigarse en los tablaos de aquellos locales decimonónicos.

No se sabe mucho de las bailaoras que más pudieron contribuir a la codificación definitiva de la soleá. Según nos cuenta el maestro Otero (*Tratado de bailes*, Sevilla, 1912), fue la malagueña Trinidad Huertas *la Cuenca* la primera que las aflamencó introduciéndoles un zapateado. Se recuerdan los nombres de la sanluqueña Manuela Carpio Vargas *la Bizca*, la jerezana Jerónima Jiménez *la Morenita*, Rosario *la Mejorana*, Juana Peña y José Charruita, como algunos de sus intérpretes más destacados. Las bailarían, sin duda, las que fueron maestras indiscutibles de esta época, las jerezanas Juana *la Macarrona* y La Malena. Y las hacían asimismo, mezclando arte, guasa y compás, Paquiro y los jerezanos Antonio Martín *el Gusarapa* y Antonio Monge *el Moneo*.

Tangos

El tango completaba el todavía exiguo repertorio de bailes festeros de los cafés cantantes. Era un baile que gozaba de tanta popularidad como las alegrías, como demuestra bien a las claras una gacetilla aparecida en 1888 en *El Cronista* que le llamaba "el indispensable tango que es lo que ahora priva". Fue un baile vivo y rítmico. Pero, sobre todo, era un baile alegre por excelencia –"chistoso" le llamaban cuando se bailaba en 1851 en los teatros sevillanos con la denominación de "tango americano"–. Era además un baile picarón y desvergonzado. Y es que, aunque atenuada, su incitante sensualidad, manifiesta en sus balanceos y zarandeos, delataba su ascendencia cubana. Especialmente, esos acompasados movimientos de cadera y pelvis que Salvador Rueda ("El zapateado", *Blanco y Negro*, Madrid, 7 de febrero de 1892) llamó "desgoznes de cadera" cuando se los vio hacer en el Café del Burrero a una Concha *la Carbonera* de 18 años. Desde luego, en los corrales y en las fiestas de la gitanería gaditana y trianera todavía tenía por aquellos años, como hoy aún tiene cuando lo bailan los viejos trianeros, todos los ingredientes del más insolente descaro. José Otero, con evidente eufemismo, calificaba en su *Tratado de bailes* de "un poco despreocupadas" a las pocas muchachas –"una entre mil", decía– que se atrevían a bailarlo en aquellos patios de vecindad. Con respecto al que se hacía en los cafés de cante –el que él llamaba "tango gitano"–, nos dice que sus "posturas (...) no siempre eran lo que requerían las reglas de la decencia".

Entre las primeras que se ganaron los favores del público interpretándolos está la granadina Concha *la Carbonera*, una bailaora que, por lo que sabemos de su vida, a no dudar entraría entre las muchachas un "poco despreocupadas" de que nos hablaba el maestro Otero. También los hicieron aquella Luisa que le decían *la de los Tangos* cuando actuaba a finales del XIX en el madrileño Café Naranjeros, la gaditana Rosario Feria *la Bonita* y muy especialmente Pastora *la de Malé*, Rafaela Muñoz y La Lolilla. Junto a ellas, justo es incluir también a José Jiménez, más conocido como *El Negro de Rota*, que supo imprimir sus maneras a cuantos estilos interpretaba –tangos, soleares y jaleos–, así como a los gaditanos Paquirri y El Churri, que sabían darle su aquél, como lo hacían con las alegrías. Ya en el siglo XX, triunfaron también por este estilo Josefa Díaz, conocida en el mundo flamenco como *Pepa Oro*, que se anunciaba en 1902 como "la simpática y aplaudida bailadora por tangos", y que fue por ese palo por el que había metido las milongas que se había traído de las Américas. Una publicidad similar, "el aplaudido bailador por tangos", era utilizada, ese mismo año, para anunciar a Antonio Ramírez, el que habría de ser pareja, algunos años después, de la incomparable Juana *la Macarrona*. Y un reclamo parecido, "aplaudido bailador y cantador de tangos", se empleaba en 1903 para anunciar las actuaciones de Antonio de la Rosa *el Pichiri* en el Café Filarmónico de Sevilla. Otros artistas que asimismo destacaron por tangos fueron El Estampío, Faíco y Rafaela Valverde, que terminó siendo conocida precisamente con el nombre artístico de La Tanguera.

Zapateados

El zapateado fue el contrapunto de la soleá, el baile de hombre por antonomasia. Era un baile de pies, en el que, a base de puntas y tacones, los bailaores hacían verdaderas diabluras –auténtica percusión musical– sobre aquellas primitivas y toscas tarimas que servían de escenario en los cafés de cante. En ellas, zapatear se convirtió en todo un arte.

Los primeros nombres que se recuerdan hoy de entre quienes destacaron en este baile son los del mítico Raspaó y el de Antonio *el Pintor*. Más tarde, su maestro indiscutible fue Enrique *el Jorobao*, aquel bailaor de Linares que, como le contó Antonio *el de Bilbao* a Vicente Escudero, "a pesar de ser contrahecho, realizaba bailes de una gran belleza". Él ha legado al patrimonio del baile flamenco una de las versiones que alcanzaron más popularidad, la que fue conocida como el "zapateado de las campanas". Él fue además maestro de Antonio *el de Bilbao* y de Salud Rodríguez *la Hija del Ciego*, que sería a su vez modelo de El Estampío. En este período destacaron asimismo por sus zapateaos Trinidad Huertas *la Cuenca*, maestra también de Salud Rodríguez, y Lamparilla, un artista exquisito en este estilo.

Torerías

La oferta de los cafés cantantes se completaba con pantomimas relacionadas con el mundo del toro. En ellas se simulaban prácticamente todas las suertes de la lidia –ese era precisamente el asunto que desarrollaba el vito y las suertes del toreo eran el argumento de *La malagueña y el torero*–. Todavía hoy se siguen haciendo, especialmente en el baile por alegrías, algunos de estos apuntes taurinos. Una de las primeras noticias que han llegado a nosotros de este tipo de parodias es el anuncio del zapateado que bailó, imitando la muerte de un toro, Francisco Ruiz *el Jerezano* el 6 de marzo de 1853. Ya en la época de los cafés de cante, según nos cuenta Salvador Rueda en sus *Flamenquerías* (1892), Concha *la Carbonera* le ponía "banderillas a los pliegues del aire". La Cuenca, que solía vestir de torero, entre risas, chanzas, chuflas y mucho arte, hacía una lidia completa. El Canene, finalizando el siglo, popularizó en Barcelona un tango a la muerte del famoso Espartero. Antonio *el de Bilbao* montó y estrenó en París una parodia taurina que después interpretaría La Argentina. En 1904, triunfó en Madrid El Estampío con un número que denominó *El picaor* y que desde entonces formaría parte de su repertorio. En 1928, en los carteles que preparó Vedrines para la gira de ese año se podía leer "JUAN SÁNCHEZ (ESTAMPÍO), creador del baile El Picaor". Precisamente por uno de los lances de este baile –una de los voces que daba durante su ejecución– empezó a ser conocido por El Estampío. Otros artistas de este período que también incluían en sus actuaciones suertes del toreo fueron El Pichiri y el jerezano Ochele.

8. Dos reinas

Durante todo el período que tiene a los cafés de cante como sedes del arte flamenco, el baile de mujer tuvo dos figuras que destacaron muy por encima de las demás, dos auténticas reinas. Fueron dos mujeres que consolidaron formas y movimientos, para enriquecerlos después con sus desplantes, sus pellizcos y con el fruto de su imaginación. Se llamaron Juana Vargas *la Macarrona* y Magdalena Seda *la Malena*. Ellas son además dos ejemplos bien significativos de lo que entonces era la trayectoria artística de una bailaora flamenca.

Juana Vargas 'la Macarrona'

Juana Vargas de Las Heras viene al mundo en 1870 en Jerez de la Frontera, en el flamenquísimo barrio de Santiago, y desde bien niña da sus primeras *pataítas* y hace sus primeros quiebros, cada vez que surge la ocasión de ganarse unas monedas. Como profesional, debuta en 1878 en el Salón del Recreo, cuando lo dirigía Silverio Franconetti. Tenía 8 años. Después recorrería los mejores locales de toda España: Las Siete Revueltas de Málaga, el Café de La Alegría y el Edén Concert de Barcelona, el Café de la plaza de La Marina de Granada, el Café de Chinitas de Málaga, el Café del Burrero en Sevilla y el Café Romero de Madrid. En 1889 su fama traspasa nuestras fronteras y, para deleite de los franceses, Juana se presenta en París, en el Gran Teatro de la Exposición. Después, en 1895, lo haría en Berlín, para encandilar esta vez a los alemanes. En 1900 vuelve a Sevilla y forma pareja con Antonio Ramírez. Los dos forman durante años el reclamo insustituible del sevillano Café Novedades. En 1910 vuelta a Madrid, para inaugurar el Kursaal Imperial. En 1911 actúa en el espectáculo que con el título de *Fiesta Andaluza* se ofrece en el Trianón Palace madrileño y en 1912, de nuevo a París, a dar un recital en el Olimpia. En 1916, es requerida por Miguel Borrull, para la inauguración del Villa Rosa de Barcelona.

En 1918, cuando actuaba en el Kursaal Internacional de Sevilla, la ven Sergei Diaghilev y Léonide Massine y ambos quedan seducidos por su baile. El bailarín ruso graba su actuación. En 1922, participa en los actos que con motivo del Concurso de Cante Jondo, organizado por Manuel de Falla y Federico García Lorca, se celebran en Granada. La Macarrona, a sus 52 años, en plena madurez artística, se había hecho imprescindible en cualquier acto que se organizase con carácter excepcional. En 1925, baila en la inauguración del Patio Flamenco del hotel Alfonso XIII de Sevilla. En 1926, se enrola, por invitación de Vedrines, en los espectáculos que con el nombre de ópera recorren España de punta a punta. Juana tiene ya 56 años y empieza a dar signos de cansancio. Como hoy haría cualquier bailaora, abre una academia y sigue bailando en el Kursaal y en el Tronío. Y sigue viviendo nuevas experiencias. En 1930, participa en los actos que siguen a la Exposición Internacional de Barcelona y en 1931 aparece en la película *Violetas Imperiales*. Un año después, interviene en el espectáculo que monta Encarnación López *la Argentinita* con el título de *Las Calles de Cádiz* y en 1939 en la reposición que hizo de él Conchita Piquer. Juana, para no dejar nada sin hacer, también colaboró, metiendo los pies, en algunas grabaciones discográficas de las que se registraron en su tiempo. Lo hizo con Sebastián *el Pena* y con El Mochuelo. Pero como todo tiene su final, La Macarrona cerró su vida artística con el homenaje que se le tributó en el Teatro San Fernando de Sevilla, el 8 de marzo de 1946. Tenía 76 años, pero no le faltaron las fuerzas para agradecer con un bailecito la atención que se había tenido con ella.

Juana *la Macarrona* bailó todos los estilos que conformaban el repertorio flamenco de su día y en todos fue maestra indiscutible. Su baile se caracterizaba por la gracia y el pellizco. Tenía un dominio inmejorable de la bata de cola. Hacía unos desplantes y unas escobillas inimitables –"de sonido" las llamaba Pilar López–. Y, sobre todo, tenía unas manos prodigiosas y un braceo majestuoso. Pablillos de Valladolid (*El conservatorio del flamenquismo. Por esos mundos*, Madrid, 1914), en un texto que se ha convertido en cita obligada, describía así su baile:

¡La Macarrona! He aquí la mujer más representativa del baile flamenco. (...) Álzase de su silla con la majestuosa dignidad de una reina de Saba. Soberbiamente. Magníficamente. Sube los brazos sobre la cabeza como si fuese a bendecir el mundo. Los hace serpentear trenzando las manos, que doblan las sombras sobre las sombras de sus ojos. Ha llegado al fondo del tabladillo, tras el revoleo de su falda almidonada, oculta al tocaor. Desde el fondo avanza redoblando su taconeo sobre el tabladillo, del que se alza el polvo como una nube que fuese a elevar hacia el cielo a la bailaora. Lentamente, con una cadencia religiosa, desciende los brazos hasta doblarse a la altura del vientre, que avanza en una lujuriante voluptuosidad.

Grave, litúrgica, entreabre la boca sin brillo, y muestra sus dientes, rojizos como los de un lobo, tintos de sangre. Y rojo es el pañolillo anudado sobre la nuca. En otro ritmo insospechable balancea una pierna y roza el tablao con la punta del pie, entre el gracioso revoleo de las enaguas, levemente subidas con la diestra, y en lo alto la siniestra, cuyo índice apunta al cielo... Y luego enarca entrambos y son como las asas del ánfora de su cuerpo... Gira. Se expande por el escenario el amplio vuelo almidonado de la gran cola blanca del vestido de batista. Es como un pavo real, blanco, magnífico y soberbio. Sobre su cara de marfil ahumado, la blancura agresiva y sucia de sus ojos, y sobre su pelo negro y mate, se desmaya un clavel que cae rendido de estremecimientos en el redoble final de aquellos pies de maravilla calzados con zapatillas de carmín, como si hubiese un charco de sangre en sus pies.

La gente permanece silenciosa y anhelante, con un fervor un poco religioso, mientras los pies de La Macarrona acompasan su baile. Los acordes de la guitarra tienen ahora un valor ínfimo. Porque La Macarrona baila a compás de su taconeo bárbaro.

La Macarrona se transfigura. Su cara negra, áspera, de piel sucia, cruzada de sombras fugitivas, entre las que relampaguean los ojos y los dientes, se ilumina en la armonización de la línea del cuerpo, que arrolla la fealdad de la cara. Sin duda que el espíritu de esta mujer en otra carne bailó en el palacio de un faraón. Y en la corte de Boabdil.

Juana Vargas *la Macarrona* murió el 12 de abril de 1947, pero su baile sigue vivo en los cuerpos de las mejores bailaoras de cada época.

Juana Vargas "la Macarrona".

Magdalena Seda 'la Malena'

Magdalena Seda Loreto ve también las primeras luces en Jerez de la Frontera en 1877. Da sus primeros pasos en el baile con su tía La Chorrúa y luego sigue una trayectoria artística igual en todo a la de La Macarrona. Con ella comparte cartel y tablao en el Café de Silverio, El Burrero, el Café de La Marina, el Novedades, el Filarmónico, Villa Rosa y el Kursaal, y con ella viaja a Berlín en 1895. En 1930, participa también en la Semana Andaluza que dirige Realito en Barcelona y luego, en 1933, en los montajes de *Las calles de Cádiz* de La Argentinita y de la Piquer.

En los cuarenta, forma su propio grupo, Malena y sus gitanas, y con él se presenta en el Casino de la Exposición de Sevilla y diez años después, con sus casi 80 años a cuestas, todavía tiene arrestos para bailar por última vez en público. Fue en los Festivales de España.

La Malena fue la única rival que tuvo Juana Vargas. Fernando *el de Triana* decía: "Esta célebre bailaora es la que durante muchos años tiene divididas las opiniones sobre cuál es la mejor, si la Macarrona o ella". Y, como la Macarrona, ella también sentó las bases de lo que debía ser el baile de mujer.

Su baile era elegante y majestuoso. Un baile lento, recogido e íntimo. Lucía un braceo depurado, escultural. Fue un baile que cautivó a todos. Fernando *el de Triana,* uno de sus incondicionales, lo glosó así:

> Por la colocación de sus brazos y por los majestuosos movimientos de su arrogante figura, llenos de ritmo y salsa gitana, siempre contó y cuenta con la admiración del público, que con entusiasmo aplaude el maravilloso arte de tan genial artista.

Y Juan de la Plata (*Flamencos de Jerez,* Jerez, 1961) hizo la descripción que sigue:

> En su juventud lució siempre por su hermosura y la belleza extraordinaria de su perfil gitano. Era sencillamente arrogante en la colocación de los brazos y majestuosa en toda clase de movimientos en el escenario.
>
> Magdalena Seda Loreto murió en Sevilla en 1956.

Magdalena Seda "la Malena".

Otros nombres

En el capítulo anterior, hemos mencionado a un buen número de las bailaoras de rumbo y de los bailaores punteros que hicieron las delicias de los parroquianos de los cafés cantantes finiseculares, cada uno relacionado con los bailes en los que destacó. Pero había muchísimos más. Lo que sabemos de la mayoría de ellos se lo debemos a esa pequeña joya que escribió Fernando *el de Triana,* su *Arte y artistas flamencos* (Madrid, 1935). Otros se recuerdan hoy gracias a los carteles que anunciaban las funciones de los teatros y los cafés. De justicia es recoger aquí, al menos, sus nombres. La Cristobalina, Lola Rodríguez *la Hija del Ciego,* Carmelita Borbolla, Carmelita Pérez, La Palma, Rosarito Robles, Antonia Torres *la Gamba,* Adela García *la Niña de Triana* y Lola Sánchez *la Nona,* todas de Sevilla. Las hermanas Dolores y Josefita *la Pitraca,* Luisa Núñez, Josefa y Regla Jiménez, sobrinas de Enrique *el Mellizo,* Ana María *la Nona,* Carmen *la Malena,* María Cantos, Juana Herrero *la Guapa,* Enriqueta Díaz *la Macaca,* las nietas del mítico Curro Dulce Rita, Rosario y Carlota Ortega, Rita Ortega Feria *la hija del Gordo Viejo,* y Carmen de la Rosa *la Pichira,* gaditanas. También eran de la bahía La Pipote, su hermana Carmen *la Paloma* y Lola y Rosario, hijas de Perico Piña, el legendario *Viejo de la Isla,* nacidas en San Fernando; Francisca Suárez *la Curra,* de Puerto Real; la mujer de Perico Frascola, conocida como *La Tuerta,* de Sanlúcar de Barrameda; e Inés Jiménez, la hija del Negro de Rota y sus paisanas Antonia *la Roteña* y sus hermanas Lola, María y Concha. Y del Puerto de Santa María eran María del Carmen Gallardo *la Gaditana,* y sus sobrinas las famosas y guapísimas Coquineras: Milagros, Josefa y Antonia Gallardo Rueda. En Jerez habían nacido Juana Vargas Seda, madre de Pepa Oro, Isabelita Delgado Santos, Dolores *la Roque,* Jerónima Jiménez *la Morenita,* Bernarda Rodríguez, Catalina Barea Antúnez, sobrina de las famosas Antúnez, María Vargas *la Macarrona,* hermana de la genial bailaora; Juana Valencia *la Sordita,* hija de Paco la Luz, María del Pilar Malvido, más conocida por *Mariquita Malvío,* y La Jeroma. Eran malagueñas Teresa Aguilera *la Camisona* y María Ruiz *la Bonita.* Y de Granada Águeda Morales.

No sabemos dónde nacieron, pero también derrocharon raudales de arte y gracia en los cafés de cante de esta época Rosario *la Honrá*, su sobrina La Melliza, La Adriana, María *la Picaora*, Antonia *la Viuda*, La Rana, Lola *la Rondeña*, Pastorcilla Flores, Dolores Cárcamo *la Churrona*, La Matilde, Conchita *la Borriquera*, Manuela Villegas *la Hija del Chano*, La Jesusa, Filomena Hurtado, Antonia García *la Gitana*, María de Haro *la Cotufera*, Enriqueta Macho, Soledad Lozano *la Guerrita*, Pepa *la del Terrible*, Amparo *la Marina*, Águeda Guerrita, Carmen *la Cigarrera*, Encarnación Gutiérrez *Josefita*, Pepa Ruiz, Dolores Ortega, La Juana, Aurora *la Molina*, Carmen Rota, La Paca y Carmen, Esperanza y Rosario, las Parejeras.

La nómina de bailaores de esta época es mucho más corta que la de bailaoras. No era nada fácil competir con ellas. Había que bailar muy bien y muy gracioso para poder hacerse un sitio en los cuadros de aquellos cafés de cante. Sin embargo, algunos lo lograron. Fueron, además de Antonio *el de Bilbao* y Lamparilla, Paco Cortés, Antonio Santos, Adolfo Martínez, Pepe Ronda, Antonio Andrade, el Tuerto Acosta, Canela, los gaditanos Joaquín Ortega, José Ortega Morales, hijo de Enrique *el Gordo*, Manuel Jiménez Fernández, conocido por Mangoli, hermano de Enrique *el Mellizo*, los jerezanos Antonio Muñoz *el Enano*, Antonio Molina Cundí, Ochele y Arito y el sevillano Manuel González, conocido por *Pamplina*.

9. Zambras de Granada

En Granada, como en las demás capitales andaluzas, hubo cafés de cante. Sin embargo, lo más suyo y genuino fueron las zambras del Sacromonte. Ellas fueron además adelantadas en la atracción del turismo del XIX, en la comercialización de sus bailes y en la profesionalización de sus artistas. En ellos, los gitanos granadinos le dieron un sello propio a bailes de muy diversas procedencias. Luego, desde su retiro en las cuevas del camino del Monte Sacro, los han mantenido vivos como reliquias de otros tiempos y hoy son patrimonio propio.

El camino del Monte Sacro

Desde el siglo XVII y, especialmente, durante todo el XIX, las cuevas del camino del Sacromonte y sus gitanos fueron un lugar de obligada visita para cuantos viajeros románticos recorrían nuestro país. Es, pues, a ellos a quienes debemos casi toda la información sobre cómo eran estos parajes en ese período y qué bailes se hacían en ellos. Gracias a ellos, conocemos detalles del zorongo, la cachucha, el toro, la malagueña y el romalis. Unos bailes que se podían ver también en otros lugares, incluidos los escenarios teatrales, pero a los que ellos les imprimieron la marca y las características de su manera de entender el baile y, sobre todo, de su forma de entender el espectáculo. Las versiones que se ofrecían en los teatros con esta denominación –"zambra de gitanos", "la nueva zambra", "zambra gitana"– datan de los años sesenta del XIX. La primera de la que tenemos noticias se dio el 23 de octubre de 1861 en el Teatro San Fernando de Sevilla y se anunció como un "baile español nuevo" titulado "La zambra de jitanos". Estos bailes continuaron apareciendo en los reclamos publicitarios durante casi todo el siglo XIX.

Este tipo de espectáculo se ofrecía generalmente en el Sacromonte, pero no era infrecuente que, a instancias de visitantes adinerados, se sirviesen *a domicilio* en los hoteles y casas particulares. Estas zambras estaban formadas por un buen número de intérpretes –en ocasiones podían llegar a las veinte personas–. Las dirigía el que llamaban *capitán* o *capitana* y unos ponían el baile, otros el cante y el resto acompañaban con guitarras, tamborines, panderos, violines o castañuelas. Vassili Botkine nos cuenta en *Cartas de España* (París, 1969) el que organizó en su casa:

> Los gitanos de Granada (...) tienen entre la gente humilde fama de ser excelentes bailarines. Como eso me interesaba, organicé un baile en mi casa, es decir, que hice invitar a mi casa a una veintena de gitanos y gitanas conocidos por su virtuosismo en la ejecución de los bailes andaluces y les ofrecí su colación preferida, a saber, licor y dulces. La orquesta estaba compuesta por dos guitarras y un tamborín que los mismos invitados tocaban. El baile fue alegre y se prolongó hasta bien entrada la noche.

Lógicamente, el precio de estas funciones por encargo variaba de acuerdo con el lugar en donde habían de celebrarse y, por supuesto, dependiendo de la destreza negociadora de quienes las contrataban.

En pleno Sacromonte, en las mismas cuevas que habitaban los gitanos granadinos, se comienzan a organizar regularmente este tipo de fiestas a partir de 1870. El que podríamos denominar elenco artístico estaba formado por el capitán o capitana que hacía las veces de director y que, generalmente, daba nombre a la zambra, de uno o dos tocaores y, como mínimo, de dos o tres parejas de bailaores. Varios miembros de cada grupo, cuando no todos, solían pertenecer a la misma familia. Desde las cinco de la tarde y a la voz de "¡que hay danza!", aparecían por los caminos y veredas del monte desde la abuela a la nieta, para empezar a dar funciones de media hora de duración, regadas con vino peleón y gaseosa.

La Golondrina

La primera zambra conocida abre sus puertas en esas fechas y la dirige María Gracia Cortés Campos *la Golondrina*, una de las bailaoras de más fama en toda la historia del baile granadino. Una mujer que a sus 79 años emocionaría a otra de las grandes del baile, Antonia Mercé *la Argentina*.

Fue en 1922 y nos lo contó un testigo presencial, José Carlos de Luna, en *Gitanos de la Bética (Madrid, 1951):*

> Frente a nosotros, agazapada en el suelo como un montoncillo de picón, lloraba mansamente una viejecita, prendida en las soleares de Enrique el Mellizo, que Chacón decía como los ángeles.
>
> Terminó don Antonio su *tirada*, y Montoya, acentuando aquel gesto de risueño estupor con que siempre escuchaba al maestro, remató con unos acordes sonoros como campanas de catedral en repique de Fiesta Grande.
>
> Se inició entonces uno de esos acontecimientos sin aparente importancia, pero que dejan un recuerdo siempre jugoso y vivo. Levantose la viejecilla gitana y dirigiéndose a Montoya le dijo sin preámbulos:
>
> –¡Niño! Sigue por el mismo toque, que voy a bailarlas.
>
> Extraña, aquella ruina que para honrar la fiesta lucía sus galas de señora; vestido casi pingajoso de seda negra y encajes crema, un pañolito de talle de crespón celeste bordado de rosas pajizas, unos deformados zapatos de lona blanca y chato tacón de carruchilla... ¡Era un espantapájaros! Y, sin embargo, ¡tenía un no sé qué de garboso empaque! ¡Ordenó a Montoya con tan graciosa y segura autoridad!...
>
> Todos nos miramos sorprendidos y sonriendo de complacida guasa; pero los calés se removían como si un soplo de raro viento les cosquilleara tiritones.
>
> Comenzó Montoya por el toque del Jerezano, y sólo tres o cuatro cañís, entre treinta o cuarenta que se deshojaban mudos de respeto, se lanzaron a componerle el son.
>
> La vieja, derecha como un álamo, levantó los brazos y echó atrás la cabeza con majestad impresionante; sus ojos de color violeta no pestañeaban y en el encopetado moño de su pelo casi negro apenas temblaba un ramito de blancas azaleas al cobijo de la peineta de pasta rosa.
>
> Principió a bailar y todos sentimos ese soplo de raro viento que eriza el vello y da escalofríos.
>
> Apareció en Montoya la sonrisita de estupor, y Chacón, que nunca cantaba para bailaores, temblándole el labio –su tic de emoción– se arrancó por las soleares de Ramón *el de Triana*, que se pegan al baile como un volante más del vestido a las piernas que lo mandan y airean.
>
> ¿Qué era aquello?

La Golondrina. Bailaora Gitana.

Esbelta, garbosa, señorial... ¡bellísima! Con su cara de imagen nuevecita, en derredor de la que como palomas zarcas revoloteaban sus manos; casi sin rozar el suelo, escobilleó con el repulgo que piñonea la perdiz y el mimoso respeto con que se besa el recuerdo de una madre.

La voz temblorosa de Antonia Mercé nos susurró al oído: "¿Bailo yo bien?"...

Y aquella artista de fama universal murmuró, tras un suspiro casi angustioso: "...Si yo provocara en los públicos la mitad de la emoción que siento ahora... ¡Mira cómo estoy!". Y una mano fina, helada y temblorosa, se apoyó en la nuestra, que tampoco andaba muy cabal de temperatura.

Aquella vieja –luego lo supimos– se apodaba la Golondrina y trajo de cabeza a los parroquianos de los cafés cantantes a fines del pasado siglo, como bailaora y bailarina de la más acabada escuela.

Por soleares, no hemos vuelto a ver bailar como aquella noche, aunque oímos a muchas... zapateadoras de tablas.

Los Amaya y El Cujón

No tarda en abrir sus puertas la zambra de los Amaya, toda una leyenda del flamenco sacromontano. Estaba formada por Pepe Amaya, bailaor; Juan Amaya, su hermano, tocaor; sus hermanas Pepa y Trinidad y su mujer, Dolores Hidalgo *la Capitana*. Hacia finales de los ochenta, se abre también la primera zambra que funcionaría en Granada. La dirige Antonio Torcuato Martín, más conocido por *El Cujón*, un gitano nacido en Ítrabo y establecido como herrero en la ciudad de los cármenes, que, según se cuenta, tocaba la guitarra y se hacía sus cantecitos. Esta zambra estaba en un amplio salón en el Humilladero. El Cujón contrata a La Chata, La Cotorrera, La Golondrina, Diego *el Talones*, El Frasquirri y Carmen *la Pella* y el negocio prospera por un tiempo. Sin embargo, su suerte termina torciéndose y tiene que dar por terminada su aventura artística y comercial y dedicarse a tocar la guitarra por las calles de Granada, una actividad que ha quedado registrada en el dibujo que le hizo F. Ramírez y que se publicó en el suplemento ilustrado número 52 de *La Correspondencia de España*, correspondiente al 31 de mayo de 1896. Luego, en el siglo XX, se abren las zambras de Lola Medina, Rosa *la Faraona* y La Coja.

En estas primeras zambras, bailaron La Golondrina, La Cotorrera, La Chata, Carmen *la Pella*, Josefa *la Loca*, Josefa Cortés, Antonia *la Chulenga*, Josefa *la Marota*, María *la Jampona*, Dolores *la Capitana*, Pepe Amaya, Diego *el Talones*, Frasquirri, Marín *el Cañero*, Manuel Tapias, Carmen Amaya Cortés *la Golondrina*, como su madre; Dolores La Colina y Miguel Amaya, hijos también de la primera Golondrina; María Amaya *la Jardín* y Antonio *el Cotorrero*, hijos de La Jampona; Lola Amaya; Trinidad Amaya, sobrina de Juan Amaya; Francisco Moreno *Paco el Gitano*; María *la Gazpacha* y sus hermanos Pepa, Miguel y Paca, todos asimismo sobrinos de Juan Amaya. Algunos cumplían funciones específicas, como El Cujón, Juan Fajardo, Antonio *el Sordo*, Fernando Amaya y Juan Amaya, que eran tocaores, pero la mayoría eran artistas polifacéticos que lo mismo bailaban que acompañaban con palmas y jaleos o, llegado el caso, sabían hacer sus cantecitos. Otras zambras de renombre fueron las de la Coja, la de la Rocío, la de la Faraona y la de María *la Canastera*.

Las zambras eran además verdaderas escuelas de cante, toque y baile. En ellas, se iban transmitiendo los saberes y las gracias de generación en generación. Y a ellas se acercaron para aprender sus bailes figuras del prestigio y el renombre de Vicente Escudero o Antonia Mercé *la Argentina*. Ya, en tiempos recientes, en ellas han dado sus primeros pasos y *pataítas* los mejores artistas que ha dado Granada: Mario Maya, Manolete y Mariquilla.

Las Exposiciones Universales de París

A finales del XIX las zambras granadinas se presentan en la Exposición Universal celebrada en París en 1889 y encandilan con sus meneos a un público procedente de casi todos los rincones del planeta. Lo cuenta así *El Español* del 24 de junio de 1889:

Dentro de la Exposición, en el Teatro Internacional, funciona la Gran Cuadrilla de gitanos granadinos, una de cuyas individuas, Pepa, se ha hecho ya famosa por su meneo, que deja atrás el tan ponderado de las antiguas bailarinas de Gades.

En 1900, visita también París, con motivo de la celebración en la capital del Sena de la última exposición del siglo, la zambra de los Amaya, que, en los galardones que en esa ocasión premian las más diversas actuaciones artísticas, obtienen una Medalla de Oro. Con ella, como distinción de relieve, cruzan el Atlántico y se presentan en Buenos Aires y Río de Janeiro.

Bailes de Graná

De los bailes y cantes que ofrecían estas zambras ha dejado Luis Seco de Lucena una completísima relación en la *Guía Breve de Granada* que publicó en 1929. Es la siguiente:

> Un espectáculo verdaderamente sugestivo que, por su carácter oriental, fascina a los extranjeros son las danzas que los gitanos que viven en el Camino del Monte Sacro organizan en sus cuevas y que, según la feliz definición de Pérez Losa, constituyen un rito, porque las ejecutan las bailaoras en la exaltación de una fiebre que las va dominando, que las va poseyendo, que las hace vibrar con estremecimientos medulares, que pone en sus ojos negros o en sus ojos verdes la loca llamarada de las siete lujurias o la expresión torturada de los siete dolores...; son un rito, porque estas danzas tan expresivas, tan emotivas en los estremecimientos de su voluptuosidad y en los retorcimientos angustiosos de sus complicadas expresiones, tienen mucho de ceremonia, de sacrificio y de culto, siendo las más notables: *El baile de la novia*, representación coreográfica del casamiento de una gitana. Toman parte en ellas muchas mujeres, los músicos y el jefe que dirige la danza agitando unas sonajas. *El tango gitano*, por una bailaora. Los demás la jalean con gritos, piropos y palmas. *El fandango*, bailado por cuatro mujeres y acompañado por el coro. *La cachucha*, pantomima coreográfica en la que se representa la solicitud de perdón que hace un gitano por haber robado a su novia. *El baile de la azucena*, por dos gitanillas acompañándose con castañuelas y jaleadas por el coro. *El bolero gitano*, que baila una mujer, a quien acompaña el coro con gritos y castañuelas. *Los merengazos*, por una mujer. *Las sevillanas*, bailadas por dos hombres y dos mujeres. La jota gitana, por cuatro mujeres y un hombre que se acompaña con un pandero. Además, merecen citarse, como piezas de canto y música, *las granadinas*, coplas tristes que se cantan acompañándose con guitarra; y *La sangre gitana*, con acompañamiento de guitarras, bandurrias y castañuelas.

Una atractiva combinación de flamenco y folclore en la que la cachucha, el casamiento gitano, la mosca y los tangos de Graná le daban su especificidad sacromontana, al tiempo que marcaban su diferencia con cualquier café cantante de su época. Un repertorio que siempre han completado con los palos y estilos que estuviesen más de moda en cada momento, como por aquellos días eran el fandango, la jota o el bolero y después ha sido la bulería.

10. El siglo XX

En 1900, el baile flamenco es un género consolidado, con características y peculiaridades propias. Tiene todavía un repertorio de estilos bastante reducido, pero, afortunadamente, los nuevos tiempos harán sentir en los artistas de la época que entonces empieza deseos incontenibles de novedad, una desazón irrefrenable por la creación artística. Fueron inquietudes que pronto dieron sus frutos y el abanico de palos bailables se amplió con el garrotín, la farruca y la guajira. Fueron afanes contagiosos que harían decir en 1912 al maestro Otero, en un inexplicable tono de censura: "Hoy está de moda ponerle baile a todos los cantes flamencos".

Los cafés cantantes que abren sus puertas en el nuevo siglo –entre los más representativos sobresalen el Café Novedades en Sevilla, el Café de la Marina en Madrid y el Café Cantante Villa Rosa en Barcelona– reproducen en parte la arquitectura de los que habían sido sus antecesores en el XIX, aunque renuevan sus interiores y se bautizan con nombres acordes con los nuevos tiempos y, en muchas ocasiones, con un cierto toque cursilón y presuntuoso –Kursaal Imperial, Eden Concert, Ideal Concert, Trianón Palace–. Pero, sobre todo, se convierten en lugares más seguros y "recomendables". En ellos, con La Macarrona y La Malena como figuras estelares, continúan luciendo su garbo y su saber, rindiendo culto al arte jondo las bailaoras y bailaores que ya habían triunfado en las décadas finales del XIX. Y aparecen otros con los mismos anhelos de éxito. Entre todos ofrecen un panorama rico en todo tipo de aportaciones y logros. Gracias a todos ellos, el flamenco sigue engrandeciéndose.

El garrotín y la farruca

Los dos primeros bailes que nacen en este período histórico son el garrotín y la farruca y los dos son creaciones personales del trianero Francisco Mendoza Ríos (c.1850-1938), conocido en el mundo flamenco como

Faíco. Son el fruto de un encuentro trascendente para el baile flamenco, el que tiene lugar en Madrid entre el bailaor sevillano y el guitarrista Ramón Montoya. Faíco le habla al madrileño de sus inquietudes y sus ilusiones –"que quería hacer algo nuevo a ver si por este medio podía hacerse un artista de otra categoría", en palabras de Otero–, y ambos se ponen manos a la obra. Montoya compone la música y él monta el baile. Nacen así la farruca y el garrotín. Pepe de la Matrona se lo contaba así a José Luis Ortiz Nuevo (*Pepe de la Matrona. Recuerdos de un cantaor sevillano,* Madrid, 1975):

> En este mismo café fue donde Montoya y Faíco hicieron lo de la farruca, que se puso de moda el cante de la farruca, y al oír el cante empezaron a estudiarlo y sacaron el baile de la farruca.

El éxito fue inmediato y definitivo. En un abrir y cerrar de ojos Faíco se había convertido en un bailaor de categoría, al que le llueven los contratos: el Eden Concert de Barcelona, el Colmao La Feria en París, la compañía de La Argentina en 1914, el Teatro Odeón de Buenos Aires en 1915, Rusia, y de nuevo Madrid y París en 1927.

Su farruca sirvió además de molde y patrón para cuantos la bailaron después de él. Entre quienes siguieron sus pasos estaban su primo Manuel Ríos *el Mojigongo*, que también sobresalió por sus zapateaos, el madrileño Joaquín López *el Feo* y El Batato, que con ellas y con sus chuflas causó la admiración de los aficionados catalanes. Asimismo sobresalieron interpretándolas, en las primeras décadas del XX, El Gato, su sobrino Juan *el Pelao*, Antonio Ramírez, La Macarrona, Manolita *la Cañí*, La Tanguera, La Joselito, Félix *el Loco*, La Malagueñita y Pastora Imperio.

Su garrotín fue también modelo de todos, aunque hubo quienes, algunos años después, se atribuyeron su paternidad. Así lo hicieron el bailarín cómico-burlesco Lázaro *el Negro* y la malagueña Dora *la Gitana*. En este período destacaron también interpretándolo Gabriela Clavijo *la Gabrielita*, La Malagueñita y Pastora Imperio. Pronto se montó además un garrotín bolero que se enseñaba en las academias y que hacían el maestro Coronas y José Otero.

José García Ramos. *Baile por bulerías*.

La bulería

Otro estilo que gana categoría en esta época es la bulería, hasta entonces conocida como jaleo. En el cante fue cosa del Niño Medina y de Pastora Pavón, la genial *Niña de los Peines*, y en el baile del sevillano Francisco León *Frasquillo* (1898-1940). De cómo las bailaba nos dejó testimonio preciso Fernando *el de Triana:*

> en bulerías hace infinidad de detalles de su propia cosecha con artísticas contorsiones, que siempre levantan el entusiasmo del público, por su gracia y perfecta ejecución.

Otras que también derrocharon kilos de gracia haciéndolas fueron Antonia y Josefa *las Coquineras* y con ellas también lucieron sus hechuras y su personalidad los jerezanos Juanito Cantina, Pepillo Catalina, Juanillo *el del Rastro* y José Suárez *el Chalao*, el gaditano Gaspar Fernández Espeleta y el utrerano José Loreto Reyes *el Feongo.*

La guajira

A primeros del XX, si no antes, se hizo flamenca la guajira. Aunque no tenemos datos precisos y fidedignos sobre quién ni dónde se hizo por primera vez, es muy probable que fuese María López, que solía cantarlas en los cafés de cante de finales del XIX y que, como bailaora que también era, no es de sorprender que aderezase su cante con esos movimientos sensuales de cadera que caracterizan este estilo. Sin embargo, en realidad, tan sólo tenemos a este respecto lo que escribió el maestro Otero en 1912:

> Hace tiempo que estaba queriendo poner en baile las guajiras por ser una música y cante antiguo y muy conocido de nosotros, siendo el cante popular de Cuba. (...) Yo no recuerdo habérselas visto bailar a nadie, aunque creo haber oído decir que hay quien las baila.

Artistas de categoría

Otros artistas que protagonizaron el mejor baile de los primeros lustros del XX fueron los jerezanos Juan Sánchez Valencia –conocido como *El Estam-*

pío (1879-1957)–, y Antonio Ramírez (c.1885-c.1938). Asimismo, pertenecen a este período Carmen Ortega, las jerezanas Juana y Luisa Junquera, Gabriela Clavijo *la Gabrielita*, la sevillana Dolores *la Bizca*, Carmen Bare, Juana Ortega *la Juani*, Rafaela Jiménez, María Josefa Molina, las malagueñas Antonia *la Sillera,* que luego sería conocida por *Dora la Gitana*, María *la Flamenca*, Paula García Fernández *la Paula* y Encarnación Hurtado *la Malagueñita*, las gaditanas Gabriela *la Gaditana* y Luisa Bofante *la Butrón*, así como Pepa *la Gravá*, Concha *la Chicharra*, Micaela *la Mendaña* y sus hermanas Antonia, Carmen y María, que terminaron adueñándose de los cafés catalanes, todas nacidas en San Fernando. También empezaban entonces sus trayectorias artísticas Baldomera Sánchez, Pepilla *la Guarro* y La Farruca, madre de Antonio Montoya *el Farruco*, Anita Delgado, que enamoró a un maharajá indio y cambió las tablas por el trono de Kapurtala, La Malaguita y Elisa Romero.

11. Gitanerías

Con el nuevo siglo, y muy especialmente a partir de 1910, se inicia la decadencia del café de cante. Unos cierran sus puertas y otros cambian sus nombres por el más cosmopolita de *music-hall.* Era la consecuencia previsible de un cambio de gustos y de unas circunstancias históricas concretas. Por un lado, el cinematógrafo, un competidor nada desdeñable, se estaba asomando a la cartelera de espectáculos. Por otro, el fantasma de la Gran Guerra imponía nuevos rumbos a los gustos del respetable. Para el público que vivía los horrores del enfrentamiento armado no había más meta que la diversión. Y así, poco a poco, las *variedades* –una fórmula en la que todo cabía– y el llamado género *ínfimo* comienzan a arrinconar al cuadro flamenco. Las alegrías eran sustituidas por el can-can francés y las parodias taurinas por la búsqueda de las pulgas u otros numeritos más o menos desvergonzados. En estas primeras décadas del XX, por encima de cualquier consideración artística, se rinde culto al erotismo y la sicalipsis. La Bella Otero, La Bella Chelito o La Fornarina son las estrellas del momento y disfrutan de la popularidad de la que antes habían gozado las bailaoras flamencas. Los amantes de la danza describen estos tiempos con pesimismo y alguno de ellos incluso llega al tono apocalíptico. Son una buena muestra de estos escritos las siguientes palabras de Alfonso Puig (*Ballet y Baile español,* Barcelona, 1944):

> El baile se reduce a la exhibición de la belleza femenina, servida con procacidades deshonestas a menudo. La bailarina pasa a ser carne de cañón, juguete de empresarios desaprensivos, mercaderes de artistas, cuyo único objetivo es lucrarse satisfaciendo las apetencias morbosas del público embrutecido, ávido de escudriñar las formas voluptuosas que la moda recatada oculta (...) La frivolidad sustituye al talento. El sensualismo anula el arte. Corrupción general.

Pastora Imperio y Manuel de Falla

En tales circunstancias, el cante sobrevive refugiado en los reservados y las fiestas privadas, pero el baile lo tiene mucho más difícil, ya que por muy íntimo e introvertido que sea, necesita más espacio para su lucimiento. Pero como los hombres son siempre capaces de imponerse a las circunstancias, el 15 de abril de 1915 Pastora Imperio y Manuel de Falla cambian el rumbo de las cosas y abren de nuevo de par en par las puertas del teatro, el escenario natural de la danza. Ese día se estrena *Gitanerías*, la primera versión de *El amor brujo*, en el Teatro Lara de Madrid. En principio, era una obra que habría de cumplir la función del fin de fiesta que, como en los tiempos del sainete y del entremés, se había hecho obligatorio como remate de cualquier pieza dramática. Era un reclamo que servía de gancho para llevar espectadores a los teatros y que consistía, generalmente, en algún baile interpretado por alguna de las artistas más populares de cada momento. Sin embargo, *Gitanerías* tenía muy poco de baile intrascendente para entretenimiento de un público aficionado a las variedades. La música era de don Manuel de Falla, un compositor prestigioso, y la interpretaría nada menos que Pastora Imperio (Sevilla, 1885-Madrid, 1979), una auténtica figura en el mundo del cante y del baile. El libreto lo firmaba Gregorio Martínez Sierra, otro nombre respetado en el mundo de las letras, aunque todo apunta hoy a que su verdadera autora fue María de la O Lejarreta, esposa del dramaturgo. Junto a Pastora, intervenían su hermano, Víctor Rojas; Agustina, una famosa modelo de Zuloaga que aparecía con el nombre de Perlita Negra; la hija de esta, Agustina García Escudero, anunciada como María Imperio y que más tarde sería conocida por María Albaicín; y Rosa Canto, que hacía el papel de la gitana vieja. Es más, la empresa que dirigía el señor Yáñez había tirado la casa por la ventana. Además de los gastos extras que suponían el vestuario y los decorados, obra de Néstor Fernández de la Torre, la orquesta, dirigida por José Moreno Ballesteros, había sido ampliada a catorce profesores: dos violines primeros, dos segundos, dos violas, dos violonchelos, un contrabajo, piano, flauta (que se encargaba asimismo del flautín), oboe, cornetín y trompa, más un campanólogo.

Gitanerías era una obra inspirada en el mundo de los romaníes. Contaba la historia de Candela, una gitana de Cádiz que no podía hacer realidad sus deseos amorosos, porque entre ella y el hombre que quería se interponía Carmelo, el espectro de otro gitano que había sido también su amante. Cansada de sufrir su impotencia, Candela va a la cueva de una vieja hechicera, para que, por medio de conjuros y sortilegios, haga desaparecer el fantasma que impide su felicidad. Al fin, con las primeras luces del día y mientras repiquetean campanas gozosas, Candela ve cumplidos sus deseos. En la entrevista que Falla concede a Rafael Benedito y que se publica en *La Patria* el mismo 15 de abril, decía:

> En los cuarenta minutos que aproximadamente dura la obra, he procurado *vivirla* en gitano, sentirla hondamente, y no he empleado otros elementos que aquellos que he creído expresan el alma de la raza.

Después, en el folleto que se repartió la noche del estreno, añadía:

> *El amor brujo* es una serie de canciones y danzas, en las cuales se ha procurado conservar el carácter a un tiempo bravío y sensual de la raza gitana-andaluza con todas sus extrañas sonoridades y sus ritmos peculiarísimos.

Las sonoridades un tanto extrañas de la música en algunos pasajes dependen de superposiciones tonales, y están hechas para sugerir en lo posible el sonido de los instrumentos árabes primitivos, que corresponden al carácter arcaico de las danzas: instrumentos en su mayoría monódicos (es decir, que no producen más que una sola nota a la vez), acompañados rítmicamente por instrumentos de percusión.

Para gran parte de la crítica musical, aquella música fue "lo más importante" de la noche. Era impresionante, en ciertos momentos sutil y exquisita, en otros conmovedora e imponente, El mismo Falla la definía, en el folleto del Lara, como "embrujada", y cautivó a todos. Transmitía todo el misterio de una raza visionaria, soñadora y exótica, y de unos sentimientos vividos a flor de piel. Y, sobre todo, era una música radicalmente flamenca, en la que se podían reconocer ritmos de bulerías, soleares, seguiriyas, tientos, farruca y garrotín.

Tomás Borrás, la pluma con más sensibilidad flamenca de la prensa de Madrid, desde las páginas de *La Tribuna* de la edición del 16 de abril hacía una interpretación verdaderamente precisa y certera tanto de la música del maestro Falla como del relato de Martínez Sierra. Decía así:

> Una música de extrañas sonoridades, de ásperas disonancias. Un interior en penumbra. La colocación de las figuras, la armonía de los colores, el sentido decorativo de la composición, hacen la escena semejante a un cuadro de la manera zuloaguesca. Se anima una mujer de las pintadas en el lienzo. Es Pastora Imperio. Viste como la *Carmencita* de Sargent.
>
> Conserva su rostro egipcio, sus ojos acerados, su gesto gallardo, su piel de miel. Ha perdido los ridículos atavíos de cupletista del sistema francés. Ahora es una aparición característica, exaltación de la línea y del estilo del traje gitano.
>
> Pastora canta la canción del amor dolido. La música, como lo explica Falla en el programa de la fiesta, es mágica y embrujada. Dan las doce de la noche. Suena a lo lejos el mar. Una gitana echa las cartas y pronuncia palabras sibilinas. Una gitanilla núbil trenza los mimbres de un cesto. La gitana vieja fuma.
>
> Pastora baila la danza del fin del día. El maestro Falla ha escrito en ésta una página que nos sobrecoge de emoción. El ritmo extraño, enérgico, angustioso, acompaña a una melodía de una monotonía perezosa y lánguida. Es algo primitivo, fuerte y descarnado. La esencia del baile andaluz, a un tiempo sensual y cruel. ¿Cómo ha podido hallar el maestro Falla esta simple y vigorosa expresión, tan distinta del andalucismo de las músicas al uso? El público del Lara prorrumpe en una gran ovación, y Falla tiene que salir a saludar muchas veces.
>
> Sigue la *gitanería*. Pastora declama un romance. Le acompaña la orquesta con un motivo suave y religioso. Cae el telón. Pastora va a la cueva de una bruja para pedirle el filtro que da el eterno amor.
>
> Y llega el intermedio. La sabiduría y la inspiración de Falla se cogen de las manos. Todos los motivos de la obra se desarrollan y entrelazan. Un violín canta una canción dulcísima, como en la escena del jardín encantado del *Parsifal*. La canción de ese violín, realzada por la orquestación, llena de misterio y de sugestiones medrosas, es un regalo al oído.
>
> El fondo negro del escenario se ilumina con el pavor de un fuego fatuo azul que gira por la cueva. Llega la gitana enamorada. La cueva se ilumina.

Es una decoración que nos recuerda la solemne majestad sombría de los cuadros de Boeklin, otro acierto de Néstor, el gran artista de la suntuosidad y la elegancia.

Pastora, perseguida por el fuego fatuo, danza, huyéndole y acercándose a él. La música subraya el terror inaudito de la escena. Saltan entre los compases gritos lúgubres, aullidos de fieras, ruidos estremecedores. La bruja morena danza entre tanto. El fuego fatuo se desvanece en la luz de la luna.

Y *ella* canta. Es un vito de marcadísimo sabor popular, un encanto de lozanía y de expresión castiza. El conjuro de la gitanilla atrae al amante. Pastora danza otra vez, y otra vez es un nuevo baile arrancado del alma musical andaluza, de la malagueña. Los amantes se reconcilian. El hechizo los ha unido. Amanece. Estalla como una granada la luz del sol y todas las campanas se vuelven locas.

Esto es *El amor brujo*

Gitanerías logró un éxito apoteósico. Puso al público en pie y todos tuvieron que salir a saludar más de una vez. Hubo, no obstante, algún que otro aspecto que suscitó algunas palabras críticas. Eduardo López-Chavarri llamó la atención desde las páginas de la *Revista Musical Hispano Americana* sobre la posible perplejidad que podía causar en el público un espectáculo de esas características y puntualizaba "¡un público que se figura va a presenciar el espectáculo ordinario de las *varietés*!". También suscitó cierta polémica el vestuario diseñado por Néstor Fernández de la Torre. Para algunos, aquellos trajes que vestían las gitanas eran más parisinos que gaditanos; para otros, sin embargo, eran una sublimación artística y atemporal de la forma de vestir característica calé, especialmente el que lucía Pastora, de un azul intenso, adornado con grandes rosas rojas. Un vestido que, acompañado por zapatos, medias y faldas interiores también rojas, se transformaba en un haz de fuego cuando Pastora bailaba al ritmo de la música del maestro gaditano, alumbrada por los focos rojos que iluminaban el escenario.

Por su parte, unos días después del estreno, Máximo Díaz de Quijano (*Argentina*, Bienal de Arte Flamenco, Sevilla, 1988) hizo algunas puntualizaciones muy atinadas. Estas son algunas:

> ...si el guión inspirador presentaba, además de a Candela, la protagonista, a Carmelo, su amante, y a Lucia, su amiga, ¿no eran precisos un bailarín o bailaor y una bailarina o bailaora? Pues todo se redujo a que Pastora plasmara su arrogancia, sin desentrañar en absoluto lo que aquel *ballet* llevaba dentro, acostumbrada como estaba a las musiquillas de sus cuplés para los que bastaba y sobraba el sexteto de marras; o a la guitarra que tocaba, para acompañarla en sus bailes flamencos, su hermano Víctor Rojas. Y aquí viene un nuevo motivo de asombro. Fue a Víctor Rojas, que jamás se había levantado de su silla de guitarrista, a quien se encomendó el rol de Carmelo, limitándose –¡qué remedio le quedaba!– a rodear a Pastora en su danza arbitraria, sin las más mínimas condiciones de bailarín.

Como todo el mundo sabía, *Gitanerías* había sido escrita expresamente para Pastora Imperio, precisamente por eso el crítico de *El Imparcial* titulaba su crónica "*El amor brujo*, una obra a la medida de Pastora Imperio". La idea de llevar a los escenarios esta obra había surgido durante una conversación entre Manuel de Falla y Martínez Sierra. Ambos se habían conocido en París un año antes. Después, cuando Falla llega a Madrid ese mismo año, inician una serie de colaboraciones artísticas: Falla componía canciones que eran interpretadas en las obras de Martínez Sierra. Además, por aquellos días la empresa del Teatro Lara acababa de contratar a Pastora Imperio para que protagonizase los fines de fiesta con las danzas y canciones con que se finalizaban las funciones teatrales. Por eso, el nombre de Pastora no podía, pues, dejar de aparecer en las conversaciones de Falla y Martínez Sierra. Luego, sus mismos protagonistas fueron quienes se lo contaron a la prensa, cada uno a su manera. Gregorio Martínez Sierra le decía a Fernando Izquierdo, en *La Patria*, que la "idea de *El amor brujo* nació en mí de la idea de ver hasta dónde alcanzan las excepcionales condiciones de Pastora Imperio en un repertorio nuevo, hasta ahora, para ella y desde luego más adecuado a sus condiciones", mientras que Falla, un día después, le decía a Rafael Benedito, redactor de *La Patria*, que "*El amor brujo* es una obra que a Martínez Sierra y a mí nos sugirió la extraordinaria Pastora Imperio. Una tan singular artista y tan genial danzarina debe hacer un género en el que ponga de relieve las múltiples condiciones de su temperamento (...)

Cuanto se diga de la intuición artística de Pastora Imperio es poco. Su facilidad para la música es tanta que, al principio, se la cree una consumada solfista, cuando no conoce una sola nota. Mucho espero de su expresión para hacer comprender mi música, para hacerla llegar al público".

Y Pastora no decepcionó a nadie. Recibió algunas críticas por sus canciones, pero cuando levantaba los brazos el público caía rendido a sus encantos, especialmente cuando bailaba la "danza del fin del día", un número que nada más estrenado se convertiría en uno de los momentos más cautivadores de la pieza. Por su parte, la prensa también la trató con generosidad. Rafael Benedito decía en *La Patria:*

> Al comentar el estreno de *El amor brujo*, vaya ante todo un elogio entusiasta y sincero para la inmensa artista Pastora Imperio, aún más que por su labor artística, que fue admirable, por su decisión de cultivar un género nuevo, una tendencia distinta a la hasta ahora por ella preferida. El riesgo de prestarse a interpretar una obra completamente nueva para ella, dejando a un lado su repertorio, en el que obtiene siempre grandes aplausos, es magnífico. Si persiste en seguir por este camino, estudiando, sensibilizando, por decirlo así, su temperamento excepcional con nuevas sensaciones de arte original y hondo, Pastora Imperio será un refinamiento, una elevación, una exaltación de su propio arte innatamente excepcional, pero en verdad hasta ahora poco cultivado por causa principalmente de los autores de su repertorio insulso, banal o chocarrero, que no han sabido aprovechar –salvo raras excepciones– las múltiples y grandes condiciones artísticas de esta genial e intensa mujer, que tiene en sus ojos extrañamente bellos todo el misterio y toda la pasión de una raza.

Y J. de L. decía en *El Imparcial:*

> la juncal Pastora, gitana de estirpe y artista por don natural, declama, canta, danza y es juntamente actriz, diva y bailaora, perfectamente ajustada a la significación y a la fisonomía íntima y plástica de la heroína de *El amor brujo*. El ardor, el apasionamiento, la sensualidad, la bravura de la gitana vengativa con un desgarrado donaire hallan en Pastora Imperio una identificación de admirable realismo. El público le tributó los aplausos y las llamadas que le correspondían por su insuperable colaboración en el éxito de *El amor brujo.*

Tras el éxito cosechado el 15 de abril, la obra siguió representándose en el Lara 29 días más. Se incluyó en las sesiones de tarde, las llamadas sesión vermuth, y se anunciaba indistintamente como *El amor brujo y Pastora Imperio* o *El amor brujo, por Pastora Imperio*. Después, en la sesión de noche, la sevillana volvía con sus danzas y canciones de siempre.

De Madrid *El amor brujo* pasó a Valencia, donde estuvo seis días en el Teatro Eslava y constituyó el mayor éxito de crítica y público de la temporada –funcionó incluso la reventa–. Luego, en junio, los Imperio, que así se conocía a la compañía liderada por Pastora, llevaron la obra al Teatro Imperio de Barcelona, donde repiten el éxito alcanzado en Madrid y Valencia –la prensa llama a Pastora "la primera bailarina del mundo"–. Y, por fin, de Barcelona a Argentina, en donde se dan otras seis representaciones en el Teatro San Martín de Buenos Aires.

Con *El amor brujo*, Manuel de Falla y Pastora Imperio habían abierto un nuevo período y un nuevo capítulo en la historia del baile flamenco. Habían llevado a cabo una nueva *fusión* en la todavía corta vida de la danza jonda. Como ha escrito José Luis Navarro (*El ballet flamenco,* Sevilla, 2003):

> Habían demostrado que todo el patrimonio de pasos y mudanzas perfilado y acumulado en los tablaos de los cafés de cante era apto para expresar la emoción contenida en una partitura clásica, que la fusión del baile flamenco con la música sinfónica no sólo era posible, sino que podía enriquecer artísticamente a ambos mundos. Había nacido el Ballet Flamenco. Se iniciaba así una nueva época para la danza jonda, proponiendo derroteros insospechados para este arte y se volvían a abrir de par en par las puertas de los mejores coliseos del mundo para esta manifestación artística andaluza. *El amor brujo* de Falla se convertía además en pieza emblemática de los nuevos tiempos. Una obra que fue la gran piedra de toque por la que se podía medir la valía y el arte de las grandes divas de la danza española. Desde entonces la han llevado a los escenarios cuantos han tenido un nombre en el mundo de la danza flamenca.

Antonia Mercé 'la Argentina'

La siguiente representación tuvo lugar el 25 de mayo de 1925 en el Trianon Lirique de París y fue obra de Antonia Mercé *la Argentina* (Buenos Aires,

1888-Bayona, 1936). La idea, sin embargo, fue de Marguerite Bériza, una bailarina francesa que organizaba cada año en la capital gala una temporada de música y danza. Ella había sido además la que dos años antes, en 1923, había solicitado de Falla la autorización para reponer la obra. Luego, Joaquín Nin se puso en contacto con Antonia Mercé y ella no se lo pensó dos veces. Antonia coreografió la obra, Gustavo Bacarisas se encargó del vestuario y de la escenografía y Falla dirigió personalmente la orquesta. Los papeles principales fueron para Antonia (Candela), Vicente Escudero (Carmelo) y Georges Wague, un acreditado mimo francés, que interpretó al espectro. Componían el programa además *La historia del soldado* de Igor Stravinski y *Le carrosse du St.-Sacrement* de Lord Berners, basada en la comedia de Prosper Mérimée. La obra de Stravinsky recibió algunas palmas y unos pocos pitos y la de Berners fue recibida con frialdad, pero, desde los primeros compases, la música de Falla y el baile de Antonia Mercé cautivaron a todos. Luego empezaron a sonar los aplausos y Antonia tuvo que volver a interpretar la danza del fuego. Al final, el público exigió que salieran a saludar ella, Manuel de Falla y Vicente Escudero.

Fue un espectáculo deslumbrador y misterioso. Antonia Mercé había potenciado la magia y el brillo de la partitura de Falla con una coreografía innovadora. La Argentina conseguía transmitir todo el dramatismo de la línea argumental con un baile estilizado y expresionista. A lograrlo contribuía también la sofisticada interpretación que Georges Wague hacía del espectro, con gestos inquietantes, imponentes y desafiantes. Y todo dentro de un ritmo medido y seductor. Otra aportación decisiva que La Argentina hacía a la obra de Falla era el uso de todo el espacio escénico. Aventajaba así a la versión de Pastora Imperio, hecha dentro de una concepción coreográfica específicamente flamenca, condicionada por su paso por los pequeños tablaos de los cafés de cante.

El éxito fue rotundo y la prensa llegó incluso a comparar la obra de Falla con los montajes de la era Diaghilev. Jean Gaudrey-Rety escribía en *Comedia* el 27 de mayo:

> Y he aquí que acaba de revelársenos una de las obras más atractivas, más ricas de expresión y de movimiento que haya sido presentada en mucho tiempo.

> El nuevo ballet de Manuel de Falla, *El amor brujo*, debería lógicamente concitar un movimiento de admirativa curiosidad hacia este espectáculo del Trianon Lyrique y obtener una atención análoga a la de las grandes obras de las temporadas rusas de antaño.

Unas palabras nada desatinadas, ya que, cada una en su estilo y de acuerdo con sus respectivas escuelas de danza, La Argentina no tenía nada que envidiar a la Pavlova. Por su parte, don Manuel de Falla resumió en muy pocas palabras lo que le había parecido el trabajo de Antonia, cuando le dijo: "Usted y *El amor brujo* son, virtualmente, una misma cosa".

Desde aquella noche, *El amor brujo* fue la pieza más querida de Antonia Mercé y con la que obtuvo sus mayores éxitos. El 1 de junio de ese año la volvió a representar en el Teatro de la Exposición y después, en 1927, la llevaría al Grand-Théâtre de Burdeos y al Teatro di Torino en Turín; en 1928 y 1929 a la Ópera Cómica de París y en 1933 al Teatro Colón de Buenos Aires. Y, por fin, un año después, el 28 de abril de 1934, la estrenaba en España, en el Teatro Español de Madrid, dentro del marco de los Festivales de Música y Baile Españoles. Fue una noche excepcional y memorable, ya que La Argentina compartió escenario nada menos que con Pastora Imperio. El 30 de abril aparecían en *El Debate* madrileño los siguientes comentarios:

> Antonia Mercé nos dio una de las más admirables visiones de arte que hemos visto en Madrid. Su escenificación de *El amor brujo* supone, no solamente la compenetración absoluta con la música de Falla, sino la cumbre de la coreografía española.

Lo había escrito Joaquín Turina, que tuvo también palabras muy elogiosas para describir los decorados de Bacarisas:

> Parte no pequeña ha tenido en el acierto de anoche el pintor Gustavo Bacarisas. A él se debe el decorado, como también los trajes y los efectos de luces. Todo ello ambienta la obra, situando al espectador en plena cueva granadina. La luz rojiza de la chimenea contrasta con el azul transparente de la noche andaluza; fogaratas mágicas se combinan con los espectrales fuegos fatuos. Se siente el sabor gitano, exuberante y misterioso a la vez, con sus danzas vertiginosas y sus sortilegios.

Además de estas representaciones en las que los Ballets Españoles de la Mercé ponían en escena la obra completa de Falla, Antonia solía bailar, para deleite de sus públicos, el número que más la atraía: la danza del fuego.

Encarnación López 'la Argentinita'

La siguiente en montar la obra de Falla fue Encarnación López *la Argentinita* (Buenos Aires, 1897-Nueva York, 1945). La estrenó el 10 de junio de 1933 en el Teatro Falla de Cádiz y el 15 la llevaba al Teatro Español de Madrid. Completaban el programa la *Danza V* de Granados, la jota de la molinera de *El sombrero de tres picos*, *Baile gallego*, una estampa charra, *El café de Chinitas* y, en una segunda parte, *Las calles de Cádiz* y *Nochebuena en Jerez.* El montaje de la obra de Falla fue para Encarnación su reválida como coreógrafa, amén de la prueba definitiva de su madurez artística. Ella hizo el papel de Candela, Antonio de Triana el de Carmelo, Rafael Ortega Monge el del espectro y Pilar, la hermana de Encarnación, hacía el de Lucía. Junto a ellos estaban tres sublimes representantes de la escuela más tradicional del baile flamenco: Juana Vargas *la Macarrona*, Magdalena Seda *la Malena* y Fernanda Antúnez. La música corrió a cargo de la Orquesta Bética de Cámara, dirigida por Ernesto Halffter, y los decorados eran de Fontanals. Entre las novedades que, bajo la batuta coreográfica de La Argentinita, se introducían en este montaje cabe destacar el empleo de un ciclorama con fondo azul y dos columnas de gasa iluminadas con luces que cambiaban según los sentimientos y la trama dramática que se representaba en la obra: morada para los momentos trágicos y rosa y amarilla para los alegres.

Laura de Santelmo

Ese mismo año, 1933, monta también *El amor brujo* Laura de Santelmo (Sevilla, 1897-Madrid, 1977). Lo hizo por encargo del Gran Teatro del Liceo de Barcelona y el estreno tuvo lugar el 23 de noviembre (Laura representa a Candela, Soledad Miralles a Lucía, Miguel Molina a Carmelo y Antonio de Triana al espectro). Para encarnar a las gitanas viejas, como hiciese La Argentinita, buscó y contrató a Las Coquineras y a La Tanguerita, unas mujeres que habían sido auténticas flamencas de rumbo. El resto de las gitanas fueron interpretadas por María Victoria, Pilar Córdoba, Juana Crespo, Conchita Perelló y Conchita Borrull. El vestuario fue de S. Burmann y los decorados de Ramón de Capmany. La partitura del maestro Falla la interpretó la Orquesta del Liceo, dirigida por Juan Lamote de Grignon y contó con la colaboración de Concepción Callao y de Miguel Borrull, como guitarra flamenca.

Manuel de Falla voló de Mallorca expresamente para el estreno y dirigió *La vida breve*, la pieza que completaba el programa. La función obtuvo un éxito completo y se tuvieron que repetir varios números. La prensa no le regateó elogios. Luis Góngora escribía el 26 de noviembre en *El Día Gráfico:*

> Alrededor de un episodio de amor y de celos, de aparecidos y de sortilegios se desarrolla el maravilloso fruto gitano de la danza con una fuerza rítmica incontrastable, que llega a un sorprendente dinamismo estético (...) Laura de Santelmo –ritmo hecho mujer– ha sido en el Liceo la protagonista de esta obra.

La fidelidad plástica con que ha demostrado su deseo de expresar la música de Falla fue tan admirable como su misma fuerza temperamental, cuajada de aquellas maravillosas manos que llenaban todo el escenario con su gesto. Su ponderación expresiva, como la de todos sus bailarines y bailarinas, disciplinadísimos, trascendió con enorme eficacia.

Y después, añadía:

> Citaré (...) con gran elogio a Miguel Molina, que lo mismo en este ballet que en la danza del segundo acto de *La vida breve*, que tuvo que ser repetida entre los insistentes aplausos del público, fue un dechado de gracia, de movilidad y de expresión; a Antonio de Triana, que en su interpretación del espectro venció todas las dificultades y nos brindó su gran dominio de las danzas gitanas; a Soledad Miralles, maravillosa Lucía que, entre otras cosas deliciosas, bailó aquellas bulerías finales de *El amor brujo* con un ángel endiablado.

Cartel anunciando *El amor brujo*.

Por su parte, Alfonso Puig, una pluma imprescindible para cuanto aconteciese en Barcelona relacionado con la danza, haría el siguiente resumen de este acontecimiento en su *Ballet y baile español* (Barcelona, 1944):

> Concepción flamenca de un verismo teatral, melodramático y pantomimado con retoques de plástica académica, en la que la Santelmo se desenvuelve a su placer y en el que fulgura el ímpetu huracanado de Antonio de Triana, temple y dominio de lidia coreográfica.

Vicente Escudero

En 1935, Vicente Escudero (Valladolid, 1888-Barcelona, 1980) monta también *El amor brujo* en el Radio City Music Hall de Nueva York. Los papeles principales son interpretados por él, que hacía de Carmelo, y Carmita García, de Candela. Otros papeles importantes recayeron en Guillermo del Oro y Maclovia Ruiz, los dos residentes en San Francisco; Guillermo encarnaba al espectro y Maclovia a Lucía. Para las gitanas Escudero contrató a las bailarinas norteamericanas señoritas Young, Berci, McMillan, Abbott, Lavell, Syndon, Browning, Bugbee, Post, Van Parten, Mayes, Dimpfel y Whited. John Martin, el prestigioso crítico de danza norteamericano, dijo en el *New York Times:*

> Vicente Escudero, conocido en Nueva York hasta ahora únicamente como bailaor concertista, se ha revelado en los nuevos papeles de coreógrafo, director y bailarín... Y en todas esas funciones se desenvuelve con distinción, confiriéndole, al tiempo, buena parte de ella a la Music Hall, que hasta la fecha pocas producciones, si es que ha ofrecido alguna, ha presentado de igual mérito.

Vicente Escudero siguió montando la obra de Falla los años siguientes. En 1937, la presentaría en París, formando pareja con Custodia Romero, en 1939 en Barcelona con María de Ávila, y en 1941, *en Madrid, en el Teatro Español.* En esta ocasión el montaje lo firman Carmita García y él, con Conchita Martínez como Lucía, Salvador Barcas en el espectro y Trini Montero, Maribel Ramos, Maruja Medel, Carmina Platas, Chelo Rodríguez, Lucía Crevillente, Rosita Bravo, Juanita Ricote, Ester Muñiz y Amparito Muñiz en los papeles de gitanas. Los decorados fueron de Gustavo Bacarisas y Burgos y el vestuario de Viudes.

Carmen Amaya

En la década de los cuarenta, lo baila Carmen Amaya (Barcelona, 1913-Bagur, 1963). Lo hace el 12 de enero de 1942, en el Carnegie Hall de Nueva York, y lo vuelve a representar el 27 y 28 de agosto de 1943, acompañada por la Orquesta Sinfónica de Los Ángeles. En esta segunda ocasión, nada menos que en el Hollywood Bowl de la ciudad californiana, un anfiteatro natural con un aforo de más de 17.000 localidades, construido en unas colinas cercanas a Los Ángeles. En 1948, lo presenta Mairemma en la Ópera Cómica de París, una versión que repondría después, en 1976, en el Festival Internacional de Música y Danza de Granada, precisamente en la edición en la que se homenajeaba a Manuel de Falla. Y ya en 1949, Antonio Román lo lleva al cine con Pastora Imperio, Faíco y Manolo Vargas como protagonistas.

Antonio

En la década siguiente, lo montaría Antonio (Sevilla, 1921-Madrid, 1996), estrenándolo en 1955 en el Teatro Saville de Londres y presentándolo después en el Teatro de los Campos Elíseos de París y en la Scala de Milán. Fue además un montaje que incluyó en la película *Luna de miel*, rodada en 1959, y en la que contó con la colaboración de Rosita Segovia y Carmen Rojas. Luego, la volvería a llevar al cine, en 1973, a instancias de Televisión Española, y en 1982 la incluiría en el repertorio del Ballet Nacional. También hace su propia versión la que fuese su mítica pareja, Rosario (Sevilla, 1918-Madrid, 2000), estrenándola en el Gran Teatro del Liceo de Barcelona el 3 de febrero de 1964, con Alberto Portillo como pareja de baile.

Antonio Gades

Ya en tiempos más recientes, los montajes más destacados han sido los de Antonio Gades (Elda, 1936-Madrid, 2004) y de Mario Maya (Córdoba, 1937). Gades lo coreografía por primera vez en 1962, para la Scala de Milán. Después, intervendría, junto a La Polaca, Rafael de Córdova, Cristina Hoyos, Curra Jiménez, José Ruiz de la Peña, José Luna *el Tauro*,

Encarnación *la Sallago*, Chaqueta de Cádiz, Camarón, José *el Rumbero*, Emilio de Diego, el Niño de los Rizos y Pepe Maya, en la versión que, con guión de José Manuel Caballero Bonald y José Antonio Medrano, dirige en 1966 Francisco Rovira Beleta. En 1969, vuelve a montarla para la Ópera de Chicago. Y en 1985 la rueda bajo la dirección de Carlos Saura. En esta ocasión, Saura y Gades se remontan al momento en el que los padres de Candela (Cristina Hoyos) y José (Juan Antonio Jiménez) acuerdan su futuro –"Compadre, mi Candela va a ser pa tu José" (Juan Antonio Jiménez) –. Después, nos acercan al día de la boda, en la que se canta y se baila la alboreá, Cristina Hoyos y Gades bailan unos tangos granadinos, unas venerables ancianas ponen la nota exótica con su interpretación de la mosca sacromontana y la fiesta se generaliza con Azúcar Moreno. Luego, el afán posesivo que José siente por Lucía (Laura del Sol) termina en una pelea a navajazos en la que muere José. A partir de ahí, la versión de Gades y Saura se ajusta con bastante fidelidad al texto de Gregorio Martínez Sierra. Gades y la Hoyos protagonizan los momentos más memorables de danza, entre los que destacan el paso a dos en el que le hacen todo un monumento a la seguiriya y que interrumpe la aparición del espectro de José, la ejecución de la danza ritual del fuego, en la que Gades juega con los movimientos de grupo y las evoluciones solistas de Cristina y que ella y Gades continúan con la magnífica interpretación que hacen de la canción del fuego, de nuevo interrumpida por la figura de José, interponiéndose entre ellos, así como la última secuencia de la película en la que ellos con Laura del Sol y Juan Antonio Jiménez entremezclan pasos a dos y a cuatro hasta que Lucía y José desaparecen liberando a Candela del hechizo que impedía sus amores. La película obtuvo dos Goyas en 1987: a la Mejor Fotografía (Teodoro Escamilla) y al Mejor Diseño de Vestuario (Gerardo Vera) y fue nominada para el premio a la Mejor Película del Festival de Cine Fantástico de Oporto, también en 1987. Dos años después, Gades reutilizaría el diseño coreográfico de esta película para el espectáculo que, con el título de *Fuego*, estrenaría en el Teatro Chatelet de París con Stella Arauzo en el papel de Candela. Un espectáculo con el que realizó una gira por Japón, Hong-Kong, Turquía, Suiza, Alemania, España (tres meses en el Teatro Monumental de Madrid) y que finalizó en Italia en 1990.

Mario Maya

Mario Maya monta la obra de Falla por encargo del Festival de Venecia y la estrena en 1987 en el Teatro de la Fenice. Luego, la vuelve a montar con su compañía y la presenta en Córdoba, el 15 de mayo de 1992. Él interpreta a Carmelo, El Mistela a José y a su espectro, Beatriz Martín a Candela, Rafaela Carrasco a la hija de la Faraona y Carmen Sánchez a la Sabia. En versiones posteriores el papel de Candela fue interpretado por La Toná. El maestro cordobés monta una coreografía original, ingeniosa y brillante, con importantes aportaciones personales. La obra comienza, tras un temple por seguiriyas en la voz de Antonio Mairena, con la aparición de La Sabia, una especie de maestra de ceremonias, que, a modo de corifeo griego, presenta a los personajes, comenta los acontecimientos y presagia el desenlace. El personaje y la función dramática de Lucía son sustituidos por la hija de La Faraona –una de las alteraciones que introduce Mario– y la historia se retrotrae al primer encuentro entre Candela y Carmelo. La puesta en escena, sencilla y esquemática, está cuidada y estudiada con todo detalle. Se estructura mediante dos plataformas móviles que abren y cierran espacios y tiempos y que sirven además de gradas sobre las que se sitúan los componentes del cuerpo de baile, a la manera del coro de la tragedia griega. Las luces, diseñadas por Raúl Perotti, contribuyen a transmitir los distintos estados de ánimo que sienten los personajes. Y la coreografía combina a la perfección los movimientos del cuerpo de baile, bien pensados y magistralmente ejecutados, con el de los principales personajes.

Otros montajes

Otros montajes de *El amor brujo* de Falla han sido el que Antonio de Triana presentó en 1940 en el Teatro Bellas Artes de México, así como los más recientes de María Rosa, Ciro, Rafael Aguilar –con Matilde Coral como protagonista–, Carmen Cortés, Ricardo Franco, Manolo Marín y Juan Carlos Santamaría, con una espléndida Merche Esmeralda en el papel de la hechicera.

12. Partitura y compás

El amor brujo de Manuel de Falla, como acabamos de ver, fue y es la obra emblemática del ballet sinfónico flamenco, pero no fue la única. Durante el período que se extiende de 1915 a mediados del siglo XX muchas otras partituras subieron a las tablas y fueron interpretadas por los mejores bailaores y bailarines del momento. Con ellas, el baile flamenco se codeó con la danza clásica y cautivó a todo tipo de público. Andrés Levinson, el crítico de danza más importante de esta época, llegó a comparar la *Danza V* de Granados, interpretada por La Argentina, con la *Muerte del cisne* de la Pavlova. Y Vicente Escudero fue requerido para participar en los homenajes que las primeras figuras mundiales de la danza rindieron a esa bailarina rusa en 1931 en Berlín y Londres.

A *El amor brujo* de Falla siguió *El Tricornio*, representado por los Ballets Rusos de Diaguilev en 1919 en Londres. Luego, vendrían *El sombrero de tres picos*, *Serenata andaluza*, *Jota aragonesa*, *La vida breve*, *Siete canciones populares españolas*, *Danza gitana* y *Andaluza*, todas de Falla y todas montadas ya por bailaores flamencos. Y con Falla llegaron Isaac Albéniz (*Triana*, *Córdoba*, *El Albaicín*, *Sevilla*, *Almería*, *Torre Bermeja*, *Castilla*, *El Corpus en Sevilla*, *Malagueña*, *Cuba*, *Puerta de Tierra*, *Asturias*, *Chacona*, *Leyenda*, *Pavana*, *Granada*, *Bolero*, *Variaciones sobre rapsodia española* y el interludio de *Pepita Jiménez*), Joaquín Turina (*La andaluza sentimental*, *Sacromonte*, *Danza IX*, *La orgía*, *Zapateado* y *Danzas fantásticas*), Enrique Granados (*Goyescas*, *Danza V*, *Danza de los ojos verdes*, *Danza gitana*, *Danza XI*, *Danza española*, *El pelele*, *Zapateado*, *Jota valenciana*, *La chula*, *Danza triste*, *Los requiebros* y *Allegro de Concierto*), Pablo de Sarasate (*Habanera* y *Zapateado*), Joaquín Malats (*Serenata*), Gustavo Pittaluga (*Malagueña*, *La romería de los cornudos*, *Danza del chal*), Joaquín Nin (*Danza ibérica* y *Cantos populares*) y Óscar Esplá (*El contrabandista*), así como obras de compositores franceses y rusos, como el *Bolero* de Maurice Ravel, *España* de Emmanuel Chabrier o *Capricho español* de Rimski Korsakov.

Esta fue una parte fundamental de la contribución de Antonia Mercé *la Argentina*, Vicente Escudero, Encarnación López *la Argentinita*, Carmen Amaya y Laura de Santelmo a la danza flamenca. Ellos conformaron unos repertorios que constituyeron la base de lo que, en las décadas siguientes, bailaron Antonio y Rosario, Mariemma, Pilar López y María Rosa. Fue un maridaje que no sólo benefició a la danza flamenca, sino que dio un impulso decisivo a la música sinfónica española. De hecho, se empezaron a componer piezas sinfónicas expresamente para ampliar el repertorio de las compañías de danza flamenca. En este sentido, es imprescindible mencionar a Quinito Valverde que, además de *La corrida* –uno de los números estrella de La Argentina– compuso también para ella *Mi chiquilla*, *La Argentina*, *Alegrías*, *La rosa de Granada*, *Baile gitano*, *La tierra de la alegría* y *La gitana*.

La formación de este tipo de repertorios obligó a la creación de compañías estables, lo que redundó en una mejor formación de los bailaores y bailarines y, en consecuencia, en beneficio de la misma danza. Las primeras fueron Les Ballets Espagnols de La Argentina, creada en 1928, tomando como modelo la denominación que Diaghilev había dado a su compañía, y la Compañía de Bailes Españoles de La Argentinita, que sería rebautizada en 1932 con el nombre de Ballet de Madrid y después como la Gran Compañía de Bailes Españoles. Después, la creación de este tipo de compañías sería un paso inexcusable en la trayectoria artística y profesional de todo artista de prestigio.

París

Si este tipo de repertorio obligó a la creación de compañías estables, el mantenimiento de ellas obligó a la búsqueda de circuitos que permitiesen un número suficiente de representaciones para cada obra. Algo que era prácticamente imposible sin salir fuera de nuestras fronteras. Y eso fue lo que hicieron los flamencos: conquistar París y enseñorearse y encandilar a los públicos de medio mundo.

Les Ballets espagnols. Boceto de Carlos Sáenz de Tejada. 1927.

Desde luego, hacía años que el flamenco era conocido en la capital del Sena. De ello se había encargado Antonia Mercé *la Argentina*, que dio sus primeros pasos en el baile como corista, precisamente en París. Y fue también en París donde estrenó *La corrida* de Valverde, el 27 de septiembre de 1910, en el famoso Moulin Rouge. Una pieza en la que, como en las parodias taurinas que se solían hacer en los cafés de cante, La Argentina, en un apunte por alegrías de apenas cinco minutos de duración, hacía una síntesis de la lidia de un toro. En 1911, La Argentina bailaba en el Théâtre des Variétés de Bruselas y en el Teatro Olympia de París, para hacer después una gira por Burdeos, Boulogne, Bruselas, Londres, Colonia y Lieja. Un año después, el 19 de marzo, conquistaba otro recinto de la danza, el Théâtre des Beaux Arts de Monte Carlo. El 28 de julio de 1914, Pastora Imperio debutaba en París. Y ese mismo año, coincidiendo con la Exposición Anglohispana, se presentaba en Londres, en el Teatro Alhambra, un espectáculo titulado *Embrujo de Sevilla*, en el que participaban La Argentina, Antonio *el del Bilbao*, Faíco, el maestro Realito, Lolilla *la Flamenca*, María *la Bella* y Encarnación Hurtado *la Malagueñita*. En 1919, terminada la I Guerra Mundial, La Argentina vuelve a París y pone el "no hay billetes" en El Trocadero, un local con un aforo de 5.000 localidades. En 1920, se organiza en París, en el Teatro de la Comedia, un Concurso Internacional de Danza y lo gana precisamente un flamenco: Vicente Escudero. Ese mismo año se presenta en el Teatro Olympia y llama la atención del empresario ruso Diaghilev, que le contrata para sus ballets. En 1921, Diaghilev presenta su *Cuadro flamenco* en el Teatro de La Gaité Lyrique, un espectáculo que mantuvo en cartel 12 días y que de París pasó a Londres, al Teatro Prince, donde alcanzó las treinta representaciones. Era una réplica de lo que había sido el café cantante. Había cante, baile flamenco y baile bolero. La Minerita cantaba malagueñas; Rojas bailaba por tangos y María Albaicín por farruca. La Rubia de Jerez cantaba alegrías y garrotines; Gabriela Clavijo *la Gabrielita* hacía el garrotín cómico y Juan Sánchez Valencia *el Estampío* se lucía por alegrías. Manuel Martell hacía los toques y los bailes boleros eran ejecutados por la pareja formada por Claudio Moreno y su mujer. Y no faltaba la nota exótica. La ponía el Matesin-pies, un bailaor que tenía amputadas, desde la rodilla, las dos piernas, pero que aun así bailaba de una manera asombrosa. La obra triunfó en ambas capitales y fue un paso más en el acercamiento de nuevos públicos al mundo flamenco. En 1922, el 27 de noviembre, Vicente Escudero triunfaba en la Sala Gaveau y en 1924 lo hacía Laura de Santelmo en el Teatro Olympia. Pocos años después, Escudero deslumbraba a la vanguardia parisina con uno de sus *inventos*, el baile de los motores. Fue en la Sala Pleyel y así lo cuenta él en *Mi baile* (Barcelona, 1947):

> Durante mi fiebre pictórica estaba tan influido por todas las teorías nuevas que me pasaba las noches sin dormir, y cuando lo hacía mis sueños estaban también sugestionados por ellas. Así, una noche soñé que bailaba con el ruido de dos motores y al poco tiempo lo convertí en realidad, llevándolo a la escena de la sala Pleyel, de París, en un concierto en el que presenté un baile flamenco-gitano, con el acompañamiento de dos dinamos de diferente intensidad. Yo, a fuerza de quebrar la línea recta que producía el sonido eléctrico, compuse la combinación rítmico-plástica que me había propuesto por voluntad, y que para mí representaba la lucha del hombre y la máquina, de la improvisación y la técnica mecánica.

Desde entonces París ha sido una plaza fuerte del baile flamenco.

Las Américas

América y, muy especialmente, la de ascendencia hispana, ha sido siempre y sigue siendo hoy otro circuito obligado para las compañías flamencas –en Buenos Aires había nacido precisamente Antonia Mercé, en 1888, durante una gira de sus padres–. En sus capitales hay una afición que recibe con entusiasmo cualquier espectáculo llegado de nuestro país. Hay además ciudades que de antiguo mantienen entrañables lazos culturales y artísticos con España. La Habana es probablemente la más representativa de ellas. Precisamente allí debutó Pastora Imperio en 1909, abriendo de nuevo las puertas de su coliseo al baile flamenco. De Cuba, pasaría a México, otro paso imprescindible en la ruta de las Américas.

Pastora volvería a América en 1914, visitando de nuevo La Habana y México y ampliando el circuito flamenco a Buenos Aires y Santiago de

Chile. A partir de 1915, América compensa con sus teatros el cierre temporal de los europeos, motivado por la I Guerra Mundial. Precisamente ese año se marcha a Buenos Aires La Argentina, una artista que ya se había afincado en París. Realiza luego una gira en la que visita Montevideo, Santiago de Chile, Valparaíso y Lima. Después abre un nuevo mercado para el flamenco: Nueva York. En Estados Unidos permanece un año entero. Y de la América del norte otra vez a la hispana: Uruguay, Cuba, Venezuela, Puerto Rico y México. Fue además una gira que dejaba abierto un amplísimo circuito para el flamenco. Un circuito que harían después todas las compañías de baile españolas.

Y Japón

A finales de la década de los veinte, cae otra plaza fuerte de los circuitos universales de la danza: Japón, un país que desde entonces tiene una afición por el flamenco comparable en número y fervor a las más importantes capitales españolas. Y es de nuevo La Argentina la que la inaugura en 1929.

13. Una genialidad y una joya bibliográfica

El panorama del baile flamenco de esta época se completaba con los estilos tradicionales. Ellos constituían el repertorio de los bailaores que siguieron mostrando su arte en los salones y teatros que ofrecían programas de variedades y, desde finales de los veinte, en las *troupes* que organizaban los empresarios Monserrat y Vedrines y que montaban unos espectáculos que con la denominación de *Ópera flamenca* llenaban de aficionados los cosos taurinos de media España. Artistas como las bailaoras La Quica, Regla Ortega, María Pantoja Antúnez, Josefa Jiménez Carpio *la Chicharrona*, Gabriela Clavijo *la Gabrielita*, Manolita *la Cañí*, Carmen Vargas, Lolita Almería, Manolita *la Macarena*, Eloísa Albéniz, Isabel, Julia y Concha Borrull, Andrea Romero *la Romerito* y los bailaores Frasquillo, El Estampío, El Gato, Manuel Ríos *el Mojigongo*, Manolillo de la Rosa, El Niño de los Caireles, Acha Rovira, El Batato, Luis Navarro *el Andaluz*, Paco Senra *el Bolero*, Ramironte, Manuel Fernández Moreno *Tío Parrilla*, José Ortega Morales y El Tóvalo.

'Las calles de Cádiz' y 'Nochebuena en Jerez'

Estos estilos dieron vida además a uno de los espectáculos más importantes de cuantos se llevaron a las tablas en este período, una propuesta flamenca que se estrenó el 10 de junio de 1933, en el Teatro Falla de Cádiz, para presentarse cinco días después en el Teatro Español de Madrid y que llevó a las tablas dos números geniales: *Las calles de Cádiz* y *Nochebuena en Jerez*.

Fue un programa que se completaba con *El amor brujo* de Falla, la *Danza V* de Granados, la jota de la molinera de *El sombrero de tres picos*, *Baile gallego*, una estampa charra y *El café de Chinitas*. Lo montó Encarnación López *la Argentinita* con su Compañía de Bailes Españoles. Allí estaban, junto a Encarnación y su hermana Pilar, nada menos que Juana Vargas *la Macarrona*, Magdalena Seda *la Malena*, Fernanda Antúnez, Rafael Ortega, Manolita *la Maora*, Rafael Ramos Antúnez *el Niño Gloria* y la sonanta flamenca de Manolo *el de Huelva*. Completaban el elenco Ignacio Espeleta, El Lillo, El Titi, El Churri, una jovencísima Adela *la Chaqueta*, José Perullero, Juan *el Gineto*, Paquita *la del Morao*, Pablito de Cádiz y su hermano Curro Jiménez.

Fueron dos pinceladas que volvieron loco a un público que estaba viendo sobre el escenario, sin ningún tipo de mixtificaciones, con absoluta naturalidad, toda la gracia de dos rincones míticos y dos momentos mágicos del flamenco: las fiestas de vecinos de Cádiz y las zambombas jerezanas de Navidad. Algo que, una vez montado, parecía el argumento más a propósito para representar en un teatro, pero que, de hecho, no se le había ocurrido hacerlo a nadie antes. Es más que probable que la idea fuese de Ignacio Sánchez Mejías, que era quien lo producía y quien se había encargado de buscar y contratar a los artistas (contó también con la colaboración de Federico García Lorca y Edgar Neville). Él firmaba además, con el seudónimo de Jiménez Chavarri, el guión de la obra.

Romualdo Molina y Miguel Espín (*La Argentinita y Pilar López*. Bienal de Arte Flamenco, 1988) lo han reconstruido así:

> era una estampa lírico-coreográfica de un Cádiz en trance de desaparición, con los últimos tipos característicos, algunos de los cuales, como el propio Espeleta, habían sido arrancados de la misma realidad y llevados al escenario; por primera vez se presentaba un cuerpo de baile flamenco; seis bailaoras hacían las alegrías con su propia personalidad, su bata de cola de distinto color; todas a un tiempo, cosa nunca vista (hubo que hacer un biombo para que medio se escondiera Manolo el de Huelva, genial guitarrista, famoso tanto por su arte como por su nerviosismo); luego, números de tangos, el romancillo de Lorca *Los Reyes de la Baraja* metido por bulerías y bailado por un corro de gitanitos; los pregones del camaronero y la florista, el tango de la hija de Villacampa que cantaba Encarnación. Tras *Las calles*, el broche de oro: *Nochebuena en Jerez*; festejo andaluz con un Nacimiento (ante el que el Niño Gloria hacía sus hoy tan populares villancicos) y que terminaba con un semicírculo con el fin de fiesta, al modo de como se suele hacer hoy, pero que entonces era la primera vez. Un espectáculo inolvidable.

Y Pilar López (*Sevilla Flamenca*, 57) recordaba así la actuación del inimitable Espeleta:

> Ignacio Espeleta hacía unos tangos de Cádiz *pa comérselo*. Con un niño que bailaba con cuatro o cinco años. Y tú fígurate, aquello era esperpéntico –casi de Walt Disney– porque Ignacio era gordo y con dos metros de alto, y el niño era un renacuajo y no bailaba más que cuando le cantaba Ignacio. ¡Era asombroso! ¡Como si un elefante le cantara a una hormiguita...! Aquello era surrealista. Parecía que lo iba a aplastar.

El resultado fue, desde luego, absolutamente apoteósico. Pilar López lo valoraba así:

> ¡En el Teatro Español de Madrid, no en ningún chiringuito! La gente se enloqueció; había gente que iba... Me acuerdo que el duque de Alba iba todos los días. La gente chillando en los palcos... Fue un éxito fenomenal, nunca visto... Fue la primera compañía que montamos. Mi hermana se adelantó en cuarenta años; tenía una visión muy certera de lo que tenía que ser el teatro.

Y Felipe Sassone, en la crónica que hacía en *ABC*, lo resumía con las palabras "un milagro de arte".

'Arte y artistas flamencos'

Otro acontecimiento que tuvo lugar en esos años fue la publicación de *Arte y artistas flamencos* (Madrid, 1935), de Fernando *el de Triana*, un libro en el que cobran vida nada menos que 278 artistas, la mayoría de los cuales posiblemente habría desaparecido de la memoria histórica del flamenco de no haber sido por la pluma del trianero. Sus opiniones y juicios sobre el baile denotan el profundo conocimiento que tenía de esta faceta artística. Así, sobre el baile de mujer, nos dice:

> El arte de bailar, en la mujer, ya sabemos que no es más que gracia en la figura, acompasados movimientos y un aire especial en la colocación de los brazos.
>
> Todo esto forma un conjunto armonioso, más destacado si la bailadora es de raza faraónica, pues las mujeres de esta raza se prestan más a las raras contorsiones que este baile requiere.

Hay párrafos que incluso nos permiten visualizar sin apenas esfuerzo lo que tenía lugar sobre los tablaos de aquellos míticos cafés de cante. Es lo que nos ocurre cuando leemos lo que Fernando escribió sobre Antonio *el Pintor:*

> Yo, por mi parte, como aficionado que fui al baile, no le encontraba más defecto que su escaso juego de brazos; desde el momento que salía bailando los colocaba en alto, y pocas veces los destacaba de esta posición para adornar los pasos de sus dificilísimas falsetas y desplantes.

O sobre Juana Vargas la Macarrona:

> Cuando con su mantón de Manila y su bata de cola sale bailando y hace después de unos desplantes la parada firme para entrar en falseta, queda la cola de su bata por detrás en matemática línea recta; y cuando en los diferentes pasos de dicha falseta tiene que dar una vuelta rápida con parada en firme, quedan sus pies suavemente reliados en la cola de su bata, semejando una preciosa escultura colocada sobre delicado pedestal.

Arte y artistas flamencos fue además un libro que nació gracias al baile, porque fue en una función benéfica –*Exaltación del Arte Flamenco* se la denominó– organizada en el Teatro Español de Madrid el 22 de junio de 1935 y protagonizada por Antonia Mercé *la Argentina*, junto a Ángel Pericet Carmona con su cuadro de sevillanas, Frasquillo, La Quica, Mercedes León, Rafael Cruz, El Estampío y Salvador Ballesteros, donde se recaudó el dinero que hizo posible su publicación. Una fiesta del arte en la que se dieron cita importantes plumas del día como las de Manuel Machado, Juan G. Olmedilla, Pedro de Répide, Antonio Quintero, Enrique López Alarcón y José Ojeda y se leyeron textos de Fernando Villalón, José María Pemán, Tomás Borrás, Luis Fernández Ardavín, César González Ruano, Alfredo Marquerie, Manuel de Góngora y Luis de Tapia. Una noche memorable que Fernando el de Triana resumió así:

El éxito de la fiesta retumbó en todo Madrid. A La Argentina se la comieron (...) Y el libro fue a la imprenta, apadrinado por los poetas del día y por la reina maga Antonia Mercé (La Argentina).

Elenco de Las calles de Cádiz. En el centro, sentadas, La Argentinita y Pilar López. A los lados La Macarrona y La Malena.

14. Tiempo de guerra

Como todo conflicto armado, la Guerra Civil fue un período estéril para las artes. Fueron tres años odiosos que se cobraron vidas y provocaron el exilio artístico de las principales figuras del baile flamenco.

Víctimas

La primera víctima de la contienda fue Antonia Mercé *la Argentina*, que murió en Bayona el 18 de junio de 1936. Fue una crisis cardiaca, pero mucho tuvieron que ver las amenazadoras noticias que le llegaban de España. Y la última conocida fue la de otro bailaor: la de Francisco León *Frasquillo*, que fallecía en Madrid en 1940, nada más puesto en libertad.

Prisioneros de la geografía bélica

Fue un período perverso en el que los artistas flamencos se encontraron prisioneros de la geografía, porque hubieron de quedarse allí donde les pilló el golpe de Estado del general Franco, fuese o no el lugar en el que se defendían sus propias ideas. Y fue en esos lugares donde hubieron de ejercer su arte, de acuerdo con las instrucciones que recibían de las autoridades políticas y militares, unas veces para distraer y aliviar a una población en guerra y otras para allegar fondos con los que cubrir necesidades perentorias.

Eso es lo que les pasó a Rosario y Antonio en Barcelona, dos jovencitos entonces de dieciocho y quince años que tuvieron que actuar en el Circo Barcelonés –lo que peor le sentó a Antonio es que le pagasen lo mismo que a las limpiadoras del teatro y tener que saludar con el puño en alto al finalizar cada función–. Y eso es lo que le ocurrió a Encarnación *la Argentinita* y a su hermana Pilar López cuando aparecieron por Madrid. Como le cuenta Pilar a Ángel Álvarez Caballero (*Pilar López: una vida para el baile*, La Unión, 1997), había días en los que tenían que actuar en seis o siete funciones distintas:

> Había días que trabajábamos en cinco, en seis, en siete, en diferentes barrios. Íbamos por ejemplo a un cine de Cuatro Caminos, y después nos llevaban a la Gran Vía, al Rialto, o al Palacio de la Música o donde fuera, hacíamos otro par de bailes, después íbamos al barrio de las Ventas, a otro cine que había allí, etcétera, etcétera... Todos los días nos encontrábamos los mismos, o sea, con todos los artistas que en ese momento estaban en Madrid (...) Venían aquí a buscarnos en un coche grande, muchas veces iban ya en él dos o tres artistas, nos metíamos nosotras vestidas con el traje de escena para no andarnos cambiando ni nada, con un abrigo por encima o un mantón o lo que fuera... llegábamos a un teatro o a un cine, actuábamos, y después nos llevaban a otro en distinto barrio...

A Carmen Amaya, la guerra la pilló, después de una actuación en Valladolid, de camino hacia Lisboa. Los llamados *nacionales* no la obligaron a bailar, pero la dejaron sin coche, que le fue requisado siguiendo las normas de comportamiento habitual en esa zona. Menos mal que encontró a Gerardo Esteban, un periodista enamorado de su arte, que le consiguió un autobús y los *papeles* necesarios para continuar el viaje a la capital lusa.

Rumbo a las Américas

Por eso, los que pudieron se escaparon de nuestro país en la primera ocasión que se les presentó y tomaron rumbo con destino final a las Américas. Rosario y Antonio, al finalizar una gira por el sur de Francia que le habían impuesto los mandos catalanes. La Argentinita, haciendo uso del pasaporte argentino que había tenido que hacerse en la última visita a ese país y cogiendo un barco en Alicante hacia Orán y después viajando a París. Luego visitaría Londres, Suiza, Bélgica, Holanda y cruzaría el Atlántico, contratada por Sol Hurok para actuar en los teatros estadounidenses. La Argentinita actúa el 13 de noviembre de 1938 en el Majestic Theatre de Nueva York. Lleva en su compañía a su hermana Pilar, Antonio de Triana, Carlos Montoya a la guitarra y Rogelio Machado al piano. Desde entonces, salvo las giras que realiza a México o un viaje fugaz que hace a Madrid en

La Argentinita, Carmen Amaya, Antonio Triana, Luisa Triana, Sabicas, Diego Castellón, El Chino, Micaela, Manuel García Matos, Anita Sevilla, Lola Montes, El Chaqueta (un niño), Antonia y Paco Amaya, y La Chata en Nueva York.

1939, no se mueve de la ciudad de los rascacielos. Y allí se despidió de su público el 28 de mayo de 1945 en el Metropolitan Opera House neoyorquino. Esa noche bailó el *Capricho Español.* Tres meses después, el 24 de septiembre de 1945, moría víctima de una trombosis cerebral. Su cadáver fue trasladado a España, donde llegó el 21 de diciembre.

Carmen Amaya recibió un ofrecimiento para actuar en Buenos Aires –un contrato por tres meses con un millón de pesetas garantizadas– y también dio el salto a las Américas. Allí permaneció desde su debut el 12 de diciembre de 1936 en el Teatro Maravillas, en donde estuvo en cartel dos años seguidos, hasta que a principios de 1947 regresó a España. Había estado once años seguidos fuera de su país. Y casi lo mismo hicieron Rosario y Antonio, que no regresaron a su país hasta 1949.

La presencia continuada de artistas de la categoría de La Argentinita, Antonio, Rosario y Carmen Amaya, en tierras americanas supuso la consolidación de un público y una afición que se mantiene hasta hoy, cuando, además de las visitas que realizan las compañías de flamenco al continente, cada año se celebra en Estados Unidos el denominado Festival Flamenco USA.

15. Crece el abanico de bailes

Las décadas centrales del siglo XX han asistido al nacimiento de cuatro nuevos estilos de baile: la seguiriya, el taranto, la caña y el martinete. Y lo más sorprendente es que dos de ellos nacieron en tierras ultramarinas. Fueron obra de cuatro de los artistas más completos de su tiempo y fueron además su tributo a las exigencias de un mercado apasionado por lo jondo.

La seguiriya

La seguiriya era un cante que siempre había fascinado a Vicente Escudero. La tenía metida en la cabeza y durante cinco años le dio vueltas y vueltas a la idea de interpretarla con pasos de baile. Lo contó así en *Mi baile.*

> Como nadie hasta ahora se había decidido a bailar la seguiriya, yo tampoco me atrevía, temiendo cometer un sacrilegio. Mas a fuerza de meditación y estudio comprendí que era labor que merecía emprenderse, pero respetando la técnica rítmica, evocando el origen y expresando en la danza la emoción y el sentimiento del cante y la guitarra, fundiendo su espíritu con la plástica arquitectónica.

Era un palo que se ajustaba como ningún otro a sus ideas sobre la filosofía y la estética del baile flamenco. Podía convertirse en una danza esencial, masculina y litúrgica.

> Con la seguiriya, la guitarra y el cante no pueden utilizar acrobacias y fantasías. El baile tampoco admite frivolidades ni florituras. Si se baila la seguiriya hay que hacerlo con el corazón y sin respirar. O, mejor aún, ha de ser el propio corazón el que no permita que se respire. Sólo de esta forma sería yo, por ejemplo, capaz de bailar en un templo sin profanarle. Hasta parece que el sonido rítmico y grave de las cuerdas obliga a recurrir a la liturgia.

Así que un día se lió la manta a la cabeza y le dijo a su guitarrista, Eugenio González, que tocase por seguiriyas y él empezó a improvisar pasos y redobles. Él lo cuenta así:

> Toca por *Seguiriya gitana* lo que quieras; yo bailaré lo que se me ocurra, y a ver cuál de los dos se equivoca antes de camino. Y la verdad fue que ninguno de los dos nos perdimos.

Luego la estrenaría en 1939 en el Teatro Falla de Cádiz y en 1940 la presentaría en el Teatro Español de Madrid y en el Palacio de la Música de Barcelona. Alfonso Puig (*Ballet y baile español*, Barcelona, 1944) escribió lo siguiente de esa representación:

> *Baile Jondo* nos brinda una estilización de *seguiriyas gitanas* donde el arte de su genio adquiere proporciones inconmensurables. Esquema plástico del baile gitano en su quintaesencia patética más íntima, bordada de arabescos, de arrogancias agresivas y vibraciones heroicas. Insinuaciones concentradas de la más rancia solera gitana. También se vio obligado a repetirla, después de una calurosa y discutida ovación. Es, sin duda, su obra maestra.

Afortunadamente, se conserva la grabación que Vicente Escudero hizo de este baile. Así la ha descrito José Luis Navarro (*El ballet flamenco,* Sevilla, 2003):

> Aquella seguiriya era un baile rectilíneo, hierático, elegante y varonil. Un baile sobrio, esencial, solemne, sin ningún tipo de ornamentaciones ni piruetas innecesarias, sin concesiones al público o a un sentido barroco de la plasticidad. Lo interpretaba con actitudes y figuras sencillas, pleno de verticalidad, con el cuerpo estirado, tieso como un palo. Tenía la belleza de la arquitectura gótica. Unas veces Escudero levantaba los brazos al cielo como para coger las estrellas, mientras otras dibujaba con brazos, manos e incluso dedos –el índice y el corazón juntos– líneas, movimientos y figuras geométricas imprevisibles y sorprendentes. El zapateado era seco, poderoso, preciso y nítido. Con él marcaba el compás obsesivo de la seguiriya o interpretaba falsetas de su toque.

El taranto

El taranto es un baile vinculado íntimamente al mundo de la mina. Un baile teñido de tragedia y sufrimiento. Un baile que transmite todo el

Antonio interpretando el martinete en el tajo de Ronda.

dolor y la miseria del hombre que se busca la vida en las entrañas de la tierra. Un baile que rezuma jondura. Tanta como el que más. Un baile que pone formas a coplas que hablan de derrumbamientos, barrenos, desdichas, miserias y muertes. Un baile, en fin, que tiene todo el abolengo de los albores de la flamenquería y que, sin embargo, nació hace poco más de medio siglo.

Su música llevaba gestándose algunos años más, aunque no muchos. No llegaba a las dos décadas. La compuso don Ramón Montoya en 1925 y la llamó "rondeña". Y con ese nombre la cantó y grabó Manuel Torre con dos letras que son hoy históricas: *¿Dónde andará mi muchacho?* y *Darme la espuela*, registradas ambas en 1929. Dos cantes medidos, dos cantes magistrales en los que el jerezano apuntó el compás y rebosó de dramatismo. Para que naciese el baile, sólo quedaba fijar unas falsetas y ponerle pasos a la música. De la guitarra se encargó Sabicas y del baile lo hizo Carmen Amaya. La bailaora ajustó el tempo y los marcajes a un compás binario, cercano a los tientos, sosegado, solemne, hondo como la profundidad de la galería de una mina; tocó los pitos, se quebró, metió los pies e hizo sus desplantes y el taranto echó a andar por los caminos del arte.

Fue en 1941 cuando el navarro y la catalana se pusieron manos a la obra. Carmen había sido contratada para actuar en Estados Unidos por el más importante empresario de su día, Solomon Hurok, el que había llevado a la ciudad de los rascacielos a Vicente Escudero en 1932 y a La Argentinita en 1938 –otros artistas que deben también a este judío su paso por Norteamérica fueron Anna Pavlova, Isadora Duncan, Rudolf Nureyev, María Callas, Igor Stravinsky y Herbert von Karajan–. Pero, una vez contratada, Hurok tuvo algunas dudas sobre qué hacer y dónde presentar a la bailaora española, porque Carmen no disponía aún de un repertorio lo suficientemente extenso como para cubrir las dos horas que debía durar un espectáculo teatral. En esas circunstacias, el empresario judío decidió hacerla debutar en el Beachcomber, un elegante cabaret con capacidad para mil personas. Fue el 17 de enero de 1941. Ella podía empezar a trabajar casi desde el primer día de su estancia en Nueva York y mientras podría ampliar su repertorio e iría preparando así su debut teatral.

Para ello, Hurok contó también con Antonio de Triana, que se encargaría, especialmente, de algunas coreografías, así como de preparar a Antonia y a Leonor, las hermanas de Carmen, para el espectáculo de la presentación teatral de los Amaya. Hurok contrató también a Manuel García Matos, que se reincorporaba así a la compañía de Carmen Amaya (Manuel García Matos era hermano de Antonio de Triana y ya había trabajado con Carmen en Lisboa).

Por fin, la horita llegó. El 12 de enero de 1942 Carmen Amaya debutaba en el escenario más prestigioso de Nueva York, el del Carnegie Hall. Ese día se bailó por primera vez en público el taranto. Carmen bailó también *Córdoba* de Albéniz, el popular *¡Ay, que tú!* y unas alegrías que había compuesto para ella Manuel García Matos. Luego, formando pareja con Antonio de Triana, interpretó *Sacromonte* de Turina y *El amor brujo* de Manuel de Falla. El programa se completaba con un *Polo* de Albéniz, ejecutado por Antonio de Triana, *Capricho español* de Rimsky Korsakov y una farruca de García Matos, por Antonio Triana y Lola Montes; el jaleo de Jerez y una jota de García Matos, por Antonia y Leonor Amaya; goyescas de Granados, bailada por Antonia Amaya, Leonor Amaya y Lola Montes; *Zambra gitana*, un solo de Manuel García Matos; *Gallegos y granadinas*, otro solo de Sabicas, y culminaba con un fin de fiesta compuesto también por García Matos, titulado *Fiesta en Sevilla*, en el que intervenía toda la compañía.

Afortunadamente, Carmen, aunque no nos legó ninguna grabación completa de su taranto –fue en realidad un estilo que ella prodigó poco en sus actuaciones–, sí nos dejó un apunte de sus maneras, breve –no llega a los dos minutos–, pero suficiente. Fue, precisamente, en la película titulada *Los Tarantos*, rodada a principios de 1962 y estrenada al año siguiente. Un filme que ella no tuvo ocasión de ver, porque, por culpa de una afección renal crónica, dio el último suspiro en Bagur el 19 de noviembre de 1963. Lo demás nos lo tenemos que imaginar, pero a tenor de sus interpretaciones de otros palos flamencos, muy especialmente de las alegrías, no corremos ningún riesgo si afirmamos que sería un baile completamente estructurado en el que se respetarían los tiempos básicos de este tipo de estilos.

Tal vez porque ese primer taranto se bailó en Nueva York, después ha habido otras bailaoras que se han atribuido la maternidad de ese estilo. El caso más conocido es el de Rosario. La bailaora sevillana baila el taranto en 1951. Así se lo contó a Rafael Salama (*Rosario. Aquella danza española.* Granada, 1997):

> Buscando ampliación de nuestro repertorio, a Antonio se le había ocurrido crear el baile del martinete, y yo, por mi parte, hice lo mismo con el taranto. Recuerdo que fue ensayando en los bajos de un teatro; le pedí al guitarrista que me tocara cosas nuevas y él acabó interpretando "el macho de la taranta", como decía con mucha gracia flamenca, y de ahí, escuchando una y otra vez ese cante, salió el invento...

Sin embargo, cuesta trabajo creer que Rosario, dada su amistad con Carmen Amaya y los muchos ratos que pasaron juntas en América, no supiese nada del taranto bailado por la catalana. En cualquier caso, no hay que regatearle a la sevillana el mérito de haber montado ella también su propia versión de este estilo.

Otra bailaora que también ha presumido de haber sido la primera en bailar este estilo –un honor que siguen demandando para ella sus familiares– es Flora Albaicín, que lo bailó con Antonio en 1954. Aunque, justo es decir también que ella siempre le ha reconocido a Antonio el haber sido el primero en coreografiarlo como baile de pareja. Lo cual es además completamente cierto. Precisamente, el taranto es uno de los bailes que el propio Antonio interpreta con Carmen Rojas, no muchos años después, en ese interesantísimo recorrido turístico y bailaor desde La Coruña a Granada, que constituye el armazón argumental del filme *Luna de miel*, estrenado en 1959.

Dos décadas después, hacia 1970, el taranto se ha convertido en baile fundamental del patrimonio de estilos flamencos. Entre las versiones que muestran interés, están las que hacían por esos años Fernanda Romero y Carmen Mora.

La caña

No sabemos ni el día ni el año en que se bailó por vez primera la caña. Sabemos que lo hizo Encarnación López *la Argentinita*, porque así se lo dijo su hermana Pilar a Miguel Espín y Romualdo Molina (*La Argentinita y Pilar López,* Sevilla, 1988):

> La caña la hizo mi hermana en Nueva York y no sé si hasta cantaba un poquito y después yo ya la hice aquí, con Alejandro Vega.

Luego, la reinventaría Pilar López formado pareja con Alejandro Vega y ambos establecerían un canon que se ha seguido repitiendo. Por fortuna, quedó registrado en 1952 en *Duende y misterio del flamenco*, de Edgar Neville.

El martinete

Y precisamente para esa película bailó Antonio el primer martinete en la historia del baile flamenco. Se lo inventó, porque Edgar Neville le pidió que hiciese algo "nuevo". Él aceptó el reto y creó un nuevo estilo. Un baile dramático, escalofriante. Con el Tajo de Ronda como fondo y con el cante de Chano Lobato, Antonio zapateó, utilizando el compás de la seguiriya. A base de golpes secos, nítidos, rotundos y movimientos precisos, sobrios, sin descomponer ni por un instante la figura, sin adornos irrelevantes, Antonio enseñó a todos cómo se podía transmitir toda la carga trágica de una toná antigua.

16. Un decálogo y nuevos escenarios para el flamenco

El ecuador del siglo XX vio nacimientos importantes. En 1951, Vicente Escudero daba el primer aldabonazo del purismo. En 1954, se abre el primer tablao y, en 1957, se organiza el primer festival flamenco.

Vicente Escudero y el 'Decálogo del baile flamenco'

El 9 de diciembre de 1951, en El Trascacho, el local donde solía reunirse la bohemia barcelonesa, Vicente Escudero presentó su *Decálogo del baile flamenco* o, como él mismo explicó, *Los diez mandamientos del baile flamenco puro masculino*. Los llamó así, porque, para él, eran normas de obligado cumplimiento.

> A los diez puntos de mi *Decálogo tiene irremediablemente que ajustarse todo aquel que quiera bailar con pureza.*

Fueron unas normas que ejercieron alguna influencia durante las décadas siguientes, aunque hoy resulten algo obsoletas. Incluimos junto a ellas algunas de las explicaciones y comentarios que él solía dar cuando las exponía en público.

Decálogo del baile flamenco

I. Bailar en hombre.

II. Sobriedad.
Se puede bailar con sobriedad y sin sobriedad de todas las formas, pero si se hace acrobacia y velocidad, ya no es sobrio.

III. Girar la muñeca de dentro a fuera, con los dedos juntos.
Porque si se separan los dedos, ya queda en el camino de la mujer, o sea, en el baile femenino.

IV. Las caderas quietas.
No mover las caderas, o sea, no contonearse, porque si se separan los dedos y uno baila contoneándose, pues esto me parece a mí que tiene guasa y me resulta muy raro.

v. Bailar asentao y pastueño.

Bailar asentado y pastueño, dejando tranquilo al circo, lo que quiere decir: no dar saltos, ni vueltas de molino, ni todos esos garabatos que se hacen ahora con el baile flamenco.

vi. Armonía de pies, brazos y cabeza.

vii. Estética y plástica sin mistificaciones.

O sea, no mezclar los brazos del baile de tipo universal –italo-francés, ruso–. No hay que mezclar los brazos de otros bailes, de otras naciones o de otros estilos. En el baile flamenco no se admite nada más que el flamenco puro.

viii. Estilo y acento.

Quiere decir acentuar los pasos, tranquilo, sin correr. Nada de correr, asentado, pastueño.

ix. Bailar con indumentaria tradicional.

O sea, un traje de corto, una chaquetilla corta. Antiguamente, los bailaores antiguos, cuando yo era un muchacho pequeño, les oía yo que se quitaban la chaqueta para bailar y bailaban en mangas de camisa. El motivo es que antiguamente se levantaban mucho los brazos para bailar y entonces la chaquetilla se subía a la cabeza, por eso se quitaban la chaquetilla para bailar.

x. Lograr variedad de sonidos con el corazón, sin chapas en los zapatos, sin escenarios postizos y sin otros accesorios.

A veces sustituía este último por otro que decía: "Lograr variedad de líneas con los brazos, dentro de las normas del braceo de hombre" y que explicaba diciendo:

Antiguamente, cuando yo era muchacho, había un bailaor que le llamaban Enrique *el Jorobao de Linares*, que tenía dos jorobas, y cómo movería los brazos aquel jorobao que decían todos los flamencos de aquella época "¡qué tendrá este gitano jorobao que cuando mueve los brazos se pone bonito!". Esto quiere decir la importancia que daban en aquella época al braceo. Ahora es a ver quién hace un agujero antes en el tablao o en el escenario.

Tablaos

En los cincuenta, se recupera el tipo de local y espectáculo en el que se había terminado de configurar el baile flamenco clásico. Ahora no se llama café de cante, sino *tablao* y en él se interpretan los bailes flamencos tradicionales. Son pequeños espacios con un escenario diminuto, rodeado de mesas, en donde pueden tomarse unas copas e incluso cenar mientras se ve el espectáculo. Como ocurriese con el público que acudía a las academias y salones de mediados del XIX, una buena parte de los espectadores está constituido por turistas extranjeros, entre los que han figurado muchas estrellas del mundo del celuloide. Un buen ejemplo de este tipo de clientes nos lo facilitaba no hace mucho el reportaje que le dedicó a El Corral de la Morería el suplemento del *El Mundo* (7 de marzo de 2004):

> Situado a dos pasos del Palacio de Oriente, el Corral de la Morería –el de más caché junto con el también madrileño Café de Chinitas– ha servido durante medio siglo cenas y, sobre todo, muchas copas a buena parte de los artistas más famosos y a los monarcas, presidentes y primeros ministros de todo el mundo que han pasado por Madrid: Marlene Dietrich, Rita Hayworth, Richard Burton, Charlton Heston, Soraya y el Sha de Persia, Dalí, Marcelo Mastroianni, Sofia Loren, Carmen Amaya, Paco de Lucía, Edward Kennedy, Husein de Jordania, Cassius Clay, Marlon Brando, Nixon, Reagan, Kissinger, Ernest Hemingway, Rudolf Nureyev... Lista que en los últimos años se completa, entre otros, con Kim Basinger, los príncipes de Japón, Maya Plisetskaya, Sting, los Scorpions o Demi Moore.

Los primeros tablaos surgen en Madrid a principios de los cincuenta. Son: Zambra, abierto en 1954; el ya citado Corral de la Morería, inaugurado en 1956 con Regla Ortega como protagonista del baile, y El Duende, en 1958, propiedad de Pastora Imperio. Luego, se inaugurarían Torres Bermejas y Las Cuevas de Nemesio, en 1960; Las Brujas y Arco de Cuchilleros, en 1961, dirigido por La Quica; Los Canasteros, dirigido por Manolo Caracol, en 1963; Las Cuevas de Nerja –en él bailó con 77 años Vicente Escudero– y Villarrosa, en 1964; Café de Chinitas en 1969; El Corral de la Pacheca y Los Cabales, en 1971 y 1972 respectivamente; y La Venta del Gato en 1979 –otros locales madrileños que también llevaron el baile a sus tablaos fueron los Jardines Samba, Villa Victoria, River Club, J'Hay, La Parrilla de Recoletos, Florida Park, Pasapoga y El Biombo Chino–. En Sevilla, en 1956, se abre El Guajiro, y La Trocha, en 1973, y en Barcelona Los Tarantos en 1963. Como es natural, se abrieron también otros tablaos en los enclaves más visitados por el turismo –Pastora Imperio dirigió uno en la Costa Brava y otro en Marbella y Mariquilla tuvo uno, El Jaleo, en Torremolinos–, así como en Japón y en las principales capitales europeas e hispanas. En los setenta funcionaban tres en Tokio, uno en París, uno en Londres, otro en Hamburgo y dos en Caracas, uno en Bogotá y otro en México.

De todos ellos, el que alcanzó más prestigio, por la seriedad y rigor con que fue concebido y dirigido y el respeto que siempre se le tuvo a las tres manifestaciones jondas fue el Zambra de Madrid. Su propietario, Fernán A. Casares, fue un hombre que sentía verdadera devoción por todo lo jondo y que hizo del Zambra un templo de la ceremonia flamenca. Juanito Varea, uno de los artistas que pasaron por él, lo describía así:

> Zambra era una cosa especial para el aficionado. Por eso, críticos, flamencólogos y toda la gente que lo ha conocido guardan un recuerdo de él entrañable. Zambra, como tablao, fue algo fuera de lo normal. Allí, el primer cuadro, el que se hace en todos los sitios, el más alegre, servía como esparcimiento. Pero en el momento que salían los artistas por derecho, todo el mundo guardaba absoluto silencio. No podías hacer ruido porque te echaban; el que entraba allí era para escuchar con conocimiento.

Al inicio de cada pase se entregaba a los asistentes el programa de esa función. Lo firmaba Casares y en él se podía leer:

> En el tablao de ZAMBRA, antes de cada baile o cante, se dice el nombre de lo que se va a cantar o bailar, porque diariamente se cambia el programa. El cante y el baile flamenco hay que saberlo escuchar. El flamenco no necesita explicaciones, sino saberlo escuchar en silencio. En un silencio que nosotros le rogamos y pedimos en bien de usted y del público que diariamente acude a nuestro tablao.

El número principal de cada sesión, denominado *Antología*, lo protagonizaban, junto a la bailaora Rosa Durán (Jerez,1916-Madrid, 1999), cantaores de la talla y el prestigio de Pericón de Cádiz, Rafael Romero *el Gallina*, Juan Varea, Manolo Vargas, Jarrito y Pepe *el Culata*, con las guitarras de Perico *el del Lunar*, padre e hijo. Con ellos, organizó Casares una compañía con la que llevó por el mundo lo más escogido de la programación de su tablao –su salida más significativa tuvo lugar en 1964, cuando fue contratado para actuar en la Feria Mundial de Nueva York–. Como escribió Miguel Espín (*Historia del flamenco,* Tartessos, Sevilla, 1996):

> Zambra se abrió pronto a una labor misionera exterior, organizando salidas a diversas localidades españolas y extranjeras.

La idea de abrir un local así había sido de Perico *el del Lunar*, que quería reconstruir lo que habían sido los cafés de cante que él mismo había visto desaparecer en su juventud. Casares contó además, como asesor, con su amigo el poeta malagueño José Carlos de Luna.

Por Zambra pasaron, además de Rosa Durán, que fue su figura principal, Paco Laberinto (Jerez, 1910-1974), Custodia Romero (Baeza, 1904-La Carolina, 1974), Matilde Coral (Sevilla, 1935), Mario Maya (Córdoba, 1937) y La Tati (Madrid, 1940). Y por los tablaos han pasado, además de los ya citados, artistas y grupos de la categoría de Antonio Gades, del Trío Madrid –Carmen Mora (Madrid, 1930-Torreón, México, 1981), Mario Maya y El Güito (Madrid, 1942)–, Los Bolecos –Matilde Coral, Farruco (Pozuelo de Alarcón, Madrid, 1936-Sevilla, 1997) y Rafael *el Negro* (Sevilla, 1932)–, Trini España (Sevilla, 1937), La Chunga (Marsella, 1937), Enrique *el Cojo* (Cáceres, 1912-Sevilla, 1985), Manuela Vargas (Sevilla, 1941), Cristina Hoyos (Sevilla, 1946), Blanca del Rey (Córdoba, 1949), Lucero Tena (México, 1940), Mariquilla (Granada, 1943), Merche Esmeralda (Sevilla, 1950), Angelita Vargas (Sevilla, 1949), Concha Calero (Córdoba, 1952), Milagros Mengíbar (Sevilla, 1952), Ana Parrilla (Jerez, 1953-2004), Ana María Bueno (Sevilla, 1954), Pepa Montes (Las Cabezas de San Juan, Sevilla, 1954), Manolete (Granada, 1945) y El Mimbre (Sevilla, 1948-2001).

Vicente Escudero. Dibujo de Van Dongen. 1929.

Sin embargo, los tablaos han sido injustamente desdeñados probablemente por muchos que jamás cruzaron sus puertas. Como compensación, citamos unas líneas de José María Velazquez-Gaztelu ("El baile en la época de los tablaos", conferencia dictada en Jerez, con motivo del IV Festival de Flamenco):

> Pero Madrid era una fiesta. Fiesta grande. Hasta doce tablaos funcionando con éxito y donde invariablemente nos encontrábamos con artistas que iban a ver a Trini España, que bailaba en Torres Bermejas, o que venían de Los Canasteros de ver a Manuela Carrasco. Se establecían recíprocas influencias, se aceptaban o rechazaban las propuestas estéticas de unos y otros en una dinámica creadora donde estaba incluido un intenso recorrido nocturno que se establecía según el grado de fascinación que ofreciesen los distintos locales, originándose a veces en los mismos aficionados itinerantes un verdadero conflicto por la dificultad de elegir ante las excelencias artísticas y lo llamativo de cualquiera de los tablaos.

Teatros

Durante las décadas que cubrieron la posguerra y los años cincuenta y sesenta, los escenarios teatrales siguieron siendo el marco idóneo de la danza flamenca. En ellos siguieron cautivando en medio mundo y a todo tipo de públicos las compañías de Carmen Amaya, Pilar López (San Sebastián, 1912), Antonio y Rosario, Custodia Romero, Mariemma (Valladolid, 1917), José Greco (Montorio, Italia, 1918-Lancaster, EEUU, 2001), María Rosa (Andújar, 1937), Fernanda Romero (Sevilla, 1931-2003), Luisillo (México, 1927) y Rafael de Córdova (Buenos Aires, 1937). Y en ellos se siguen estrenando obras que de forma inmediata se convierten en auténticas joyas del patrimonio coreográfico español y flamenco. De ellas, es imprescindible mencionar *El zapateado* de Sarasate, estrenado en 1946 en México por Antonio; *Flamencos de la Trinidad* de Pilar López y Alejandro Vega en 1948, en la que se presenta su versión de la caña; *El concierto de Aranjuez* de Joaquín Rodrigo, estrenado en 1952 por Pilar López –una obra que fue repuesta por el Ballet Nacional de España en 1978 y 2001–; las *Sonatas* de Antonio Soler, estrenada en 1953 con motivo de la presentación del Ballet Español de Antonio; y *El sombrero de tres picos* de Manuel de Falla, rodada para TVE en 1972, por Antonio.

Festivales

En 1957, se celebra en Utrera el primer festival flamenco. La reunión de cante tiene lugar en la Caseta del Tiro al Plato y fue aderezada con un potaje que se repartió a todos los asistentes. Luego, nacerían el de Arcos de la Frontera (1961), los de Mairena del Alcor y Écija (1962), Morón de la Frontera (1963), Lebrija (1966), y los de Marchena, Puente Genil, Jerez de la Frontera, Almería y La Puebla de Cazalla (1967), casi todos con el fin de recaudar fondos para alguna obra de carácter benéfico.

Todos van acomodándose a la fórmula que habían empleado los Festivales de España (María Rosa y Rafael de Córdova y sus compañías fueron protagonistas de estas representaciones artísticas) y, en especial el que se celebró en el Patio de Banderas del Alcázar de Sevilla en 1955, así como el Festival de los Patios Cordobeses de 1956 (convertido después en el Concurso Nacional de Arte Flamenco de Córdoba). Se suelen celebrar los fines de semana veraniegos en espacios al aire libre (generalmente patios de colegios, plazas públicas, cines de verano e incluso plazas de toros y campos de fútbol) y, siguiendo el precedente de Utrera, en algunos se acompaña el festival con alguna especialidad gastronómica –gazpacho en Morón y caracoles en Lebrija, por citar dos ejemplos–. Los organizan o intervienen en su organización los ayuntamientos, las peñas flamencas y asociaciones de carácter cultural.

En ellos han participado las mejores voces y las mejores guitarras de la segunda mitad del XX. El baile ha sido, sin embargo, la *cenicienta* de esta fórmula del espectáculo flamenco. Concebidos con la imagen emblemática del cantaor y su guitarrista sentados en el centro de un improvisado y rudimentario escenario de tablas, los bailaores han tenido que mostrar su arte en unas circunstancias muy poco alentadoras o propicias –tablaos sin apenas sonoridad en los que a veces era difícil incluso guardar el equilibrio– y sólo durante unos minutos en festivales que solían durar horas y horas –algunos desde las once de la noche hasta la llegada de las primeras luces del día siguiente–. Unos hechos y unas circunstancias que cuesta trabajo explicar.

A pesar de todo, el baile ha vivido noches de gloria, aunque desgraciadamente muy pocas, en estos festivales veraniegos. Porque sin duda una de esas fue la que protagonizó Antonio Ruiz en Mairena del Alcor en 1979, cuando se homenajeaba a quien había sido uno de sus cantaores, Antonio Mairena. Y en las noches estivales de Andalucía han rendido culto al compás en movimiento bailaores de la talla de Juana *la del Pipa* (Jerez, 1905-1987), Ansonini (Jerez, 1918-Sevilla, 1983), Paco Laberinto, Farruco, Matilde Coral, Rafael *el Negro*, Trini España, El Güito, Mario Maya, Merche Esmeralda, El Mimbre, Mariquilla, Pepa Montes, Angelita Vargas, la Familia Fernández, Concha Calero, Milagros Mengíbar, Ana Parrilla, Manuela Carrasco (Sevilla, 1958), Inmaculada Aguilar (Córdoba, 1959) y Concha Vargas (Lebrija, Sevilla, 1956).

17. DIRIGIDO POR...

El baile flamenco se asoma pronto a las pantallas cinematográficas. En un principio, busca la popularidad de las figuras del baile para asegurarse el éxito económico de sus producciones. Gracias a este interés, tenemos hoy preciosos apuntes de cómo concebían el baile los más afamados bailaores de la primera mitad del siglo XX. En ocasiones, se ruedan asimismo documentales –pocos, pero de un valor incalculable– que registran los bailes de algunos de los nombres más importantes del panorama de la danza flamenca de principios del XX. Y ya, a partir de los cincuenta, comienzan a hacerse largometrajes en los que el baile es el principal protagonista.

PASTORA IMPERIO

El primer filme en el que participan bailaores flamencos data de 1915. Se titula *La danza fatal* (película muda dirigida por José Togores) y lo protagoniza Pastora Imperio. Un año después, se estrena *Flor de otoño* (dirigida por Mario Caserini), una película italiana, todavía muda, en la que podemos ver a una jovencísima Encarnación López *la Argentinita*, y en 1917, *Gitana cañí* –se anunció tambien como *La reina de una raza* (dirigida por Armando Pou)–, en la que intervienen Pastora Imperio y su hermano Víctor Rojas. En la década siguiente, en 1923, se produce *Rosario la Cortijera* (dirigida por José Buchs), basada en la zarzuela de Chapí, Paso y Dicenta e interpretada por La Argentinita; en 1924, Custodia Romero interviene en *La medalla del torero* (dirigida por José Buchs) y en 1927 *La ilustre fregona* (dirigida por Armando Pou) en la que participa La Joselito.

'MARÍA DE LA O'

Pero es en la década de los treinta cuando la presencia del baile se hace más habitual. De 1935 es *Here's to romance* (dirigido por Alfred E.Green), un filme rodado en Estados Unidos en el que Vicente Escudero hace el papel de un bailaor gitano. Una experiencia desagradable para el vallisoletano, cuya dignidad de artista no podía aceptar que su baile fuese cortado para incluir otras secuencias de la película y que, por ello, no volvió a aceptar ninguna otra oferta del cine norteamericano. De ese mismo año son también *Isabel de Solís, reina de Granada* (dirigida por José Buchs) con Custodia Romero; y *La hija de Juan Simón*, dirigida por Luis Buñuel (el más importante de los cineastas de la vanguardia española) y en la que Carmen Amaya hace sus cantecitos por bulerías e interpreta sobre una mesa su baile por soleá. En 1936 se rueda *María de la O*, una película protagonizada por Carmen Amaya, que conserva hoy todo el encanto que siempre ha tenido. La cinta, dirigida por Francisco Elías, está basada en una canción popular de Valverde, León y Quiroga y en el reparto aparecen también Pastora Imperio, la Niña de Linares, María Amaya *la Gazpacha*, el guitarrista Manolo Amaya y la voz de Antonio Mairena. Carmen hace un apunte por bulerías, en una escena en la que Pastora Imperio actúa de maestra de las gitanillas sacromontanas; unas alegrías que le canta María *la Gazpacha*, que ilustran las fiestas que solían organizarse en Granada para diversión de los visitantes de la época, y el fandango por soleá, uno de los estilos que formarían el repertorio básico de la bailaora. Es más, *María de la O* es una película en la que la bailaora catalana no sólo nos deslumbra con sus bailes, sino que se destapa como una consumada actriz. A estos años pertenecen asimismo *Maison de danses* (dirigida por Maurice Tourneur en 1931), *Frasquita* (dirigida por Karl Lamac) y *La bandera* (dirigida por Julian Duvivier en 1935), con La Joselito; *La casa de Troya* (dirigida por J. Vila y A. Aznar en 1936) y *Martingala* (dirigida por F. Mignoni en 1939), en las que aparece Carmen Amaya, y *La marquesona* (dirigida por Eusebio Fernández Ardavín en 1939), con la presencia de Pastora Imperio.

La Argentina y La Argentinita

En este período se ruedan también dos pequeñas joyas de la danza flamenca. Una de ellas es una grabación de escasos minutos de Antonia Mercé *la Argentina*, cuyas dos únicas copias se conservaban en la Cinémathèque de la Danse de París y en la Biblioteca Pública de Nueva York, pero que, afortunadamente, no hace mucho que ha sido incluida en un CD-Rom que con el título *Música y espacios para la vanguardia española* ha sido publicado en 2001 por el Centro de Documentación de Música y Danza del INAEM, y un corto grabado en París en 1938, en el que La Argentinita, acompañada por Manolo de Huelva y con la participación de su hermana Pilar, nos regala tangos, tanguillos, bulerías, sevillanas y alegrías.

Carmen Amaya, Antonio y Rosario

En la década de los cuarenta, con Rosario, Antonio y Carmen Amaya en Estados Unidos, se rueda en Hollywood un número considerable de películas con números de baile. Se abre con otras dos auténticas joyas: *El embrujo del fandango* y *Bailes gitanos (Original Gypsy Dances)*, dos cortos protagonizados por Carmen Amaya. El primero se rodó en Cuba en 1941 y en él Carmen interpreta dos números: la pieza que da título a la película y unas alegrías. En el fandango, escrito para ella por el pianista José María Palomo e interpretado por orquesta, luce además ese traje con chaquetilla torera que inmortalizaría ese mismo año el cartelista Carlos Ruano Llopis. Las alegrías las ejecuta, con pantalones y blusón de lunares, sobre un tablao en forma de enorme pandereta. Le acompañan cinco guitarras: Diego Castellón, El Chino, Sabicas, Paco Amaya y El Pelao. En el segundo corto, rodado al año siguiente por iniciativa del empresario Sol Hurok, Carmen interpreta la *Danza V (Playera)* de Granados y unas espléndidas alegrías.

Otros filmes rodados en los cuarenta son *Ziegfeld girl* (dirigido por Robert Z. Leonard en 1941) y *Sing another chorus* (dirigido por Charles Lamont también en 1941), ambos con la presencia de Rosario y Antonio; *Panama Hattie* (dirigido por Norman Z. McLeod en 1942) con Carmen Amaya; *Spanish fiesta* (dirigido por Jean Negulesco en 1942), con La Argentinita; *Canelita en rama* (dirigido por Eduardo García Maroto en 1943), con Pastora Imperio; *Castillo de naipes* (dirigido por Jerónimo Mihura en 1943), con Vicente Escudero; *Knickerbocker Holiday* (dirigido por Harry Joe Brown en 1944) y *Follow the boys* (dirigido por Edward Sutherland también en 1944), las dos con números de Carmen Amaya; *Hollywood canteen* (dirigido por Delmer Daves en 1944) y *Pan-americana* (dirigido por John H. Auer en 1945), con Rosario y Antonio; *El puente de San Luis Rey* (dirigido por Rowland V. Lee en 1944), *La mujer y el monstruo* (dirigido por George Sherman en 1944) y *La señorita Gay* (dirigido por Arthur Dreifuss en 1945), todas con la presencia de Antonio de Triana; *See my lawyer* (dirigido por Edward F. Kline en 1945) y *Los amores de un torero* (dirigido por José Díaz Morales en 1945) con Carmen Amaya; *Brindis a Manolete* (dirigido por Florián Rey en 1948) con José Greco; *¡Olé, torero!* (dirigido por Benito Perojo en 1948), con Faíco; *El amor brujo* (dirigido por Antonio Román en 1949) con Pastora Imperio y Faíco; *La revoltosa* (dirigido por José Díaz Morales en 1949), con Vicente Escudero; *Currito de la Cruz* (dirigido por Luis Lucía en 1949), con Rosa Durán, y *El rey de Sierra Morena* (dirigido por Adolfo Aznar en 1949), con Rosario y Antonio.

'Duende y misterio del flamenco'

Los cincuenta siguen la misma tónica que la década anterior. Las obras de más interés son *Duende y misterio del flamenco* (1952), de Edgar Neville; *Niebla y sol* (1951), de José María Forqué, y *Luna de miel* (1959), de Michael Powell, las dos ultimas protagonizadas por Antonio. *Duende y misterio del flamenco* es otra de las joyas de la cinematografía flamenca. Gracias a ella, vino al mundo el martinete de Antonio y quedaron registrados para la historia momentos irrepetibles del baile de Pilar López, que hace panaderos y caracoles, baila con Roberto Ximénez, Alejandro Vega y Manolo Vargas *Pepita Jiménez*, interpreta con Manolo Vargas la *Danza española* de Granados y nos regala la caña que había estrenado en *Flamencos de la Trinidad*. *Niebla y sol* nos ha dejado dos documentos históricos: una interpretación magistral de la seguiriya (una recreación, en realidad), ejecutada por Rosario y Antonio, y *El hombre y la estrella*, un ballet con participación de la compañía de Sacha Goudine, en el que Antonio hace alarde de su condición de coreógrafo, así como de sus dotes de bailarín dramático. *Luna de miel* es un recorrido turístico de La Coruña a Granada, en el que Antonio hace una curiosa versión itinerante del *Zapateado* de

Sarasate, interpreta un taranto con Carmen Rojas, representa con Ludmilla Tcherina el ballet *Los amantes de Teruel* (música de Mikis Theodorakis y coreografía de Léonide Massine), y nos deja su primera versión de *El amor brujo*.

Otros filmes de esta década son *Mi marido* (dirigido por Jaime Salvador en 1951), con Antonio de Triana; *Una cubana en España* (dirigido por José Bayón Herrera en 1951), con El Güito; *La estrella de Sierra Morena* (dirigido por Ramón Torrado en 1952), con Faíco; *Sombrero* (dirigido por Norman Foster en 1953), con José Greco; *Pena, penita, pena* (dirigido por Miguel Morayta en 1953), con Faíco; *La guitarra muda* (dirigida por Santos Núñez en 1953), con coreografía de Enrique *el Cojo*; *Noches andaluzas* (dirigido por Ricardo Blasco y Maurice Cloche en 1953), *Todo es posible en Granada* (dirigido por José Luis Sáenz de Heredia en 1954), *Carrusel napolitano* (dirigido por Ettore Giannini en 1954) y *Pan, amor y... Andalucía* (dirigido por Javier Setó en 1954), todas con Antonio; *Estoy tan enamorada* (dirigido por Jaime Salvador en 1954), con Pastora Imperio; *Danzas del mundo* (dirigido por Boris Petroff en 1954), *Una extraña en la ciudad* (dirigido por Mervyn LeRoy en 1955), *La Faraona* (dirigido por René Cardona en 1955) y *Serenata* (dirigido por Anthony Mann en 1956), todas con Antonio de Triana; *Un caballero andaluz* (dirigido por Luis Lucía en 1954), con El Güito; *La vuelta al mundo en 80 días* (dirigido por Michael Todd en 1956), con José Greco; *Música en la noche* (dirigido por Tito Davison en 1958), con Carmen Amaya; *Duelo en la cañada* (dirigido por Manuel Mur Oti en 1959), con Pastora Imperio; *Holiday for lovers* (dirigido por Henry Levin en 1959), con José Greco; y el documental *Baila la Chunga* (dirigido por José María Forqué en 1959), con Micaela *la Chunga*, Mario Maya y Los Pelaos (Fati y Juan).

'Los tarantos'

Los sesenta nos han dejado otra obra maestra del cine flamenco: *Los tarantos*, rodada en 1963 bajo la dirección de Francisco Rovira Beleta, un filme que fue presentado en Cannes, en el Festival Internacional de Cine de Montreal y que fue nominado para el Oscar a la Mejor Película en Habla no Inglesa.

Para el baile flamenco es un documento de un valor incalculable, no sólo porque recoge los últimos bailes que hiciese Carmen Amaya (la bailaora catalana no llegó a ver la película montada), sino porque incluye las únicas imágenes del taranto que ella y Sabicas se habían inventado en Nueva York. En él participan además Antonio Gades y Sara Lezama y Carmen, amén de unos apuntes por garrotín y soleá, interpreta, acompañada por las sonantas de Andrés Batista y Pucherete, unas bulerías que ella titulaba *Ritmos Amaya* y en las que da toda una lección magistral de compás, marcándolo con los nudillos sobre una mesa y haciendo con los pies un zapateado preciso y vertiginoso.

Otras películas de interés rodadas en los sesenta son *La nueva Cenicienta* y *La ley de una raza*, protagonizadas ambas por Antonio. En *La nueva Cenicienta*, dirigida en 1964 por George Sherman, Antonio, además de conseguir que Marisol haga un papel más que aceptable como bailaora, nos apunta todo tipo de estilos dancísticos, desde los flamencos (romera, rumbas, el zorongo y el *Anda jaleo* lorquiano), hasta el ballet escénico y el musical americano, con la interpretación de *West Side Story* de Jerome Robbins y Leonard Bernstein. En *La ley de una raza*, rodada en 1969 bajo la dirección de José Luis Gonzalvo, aparte de bailar con La Chunga unos tangos llenos de flamencura, se adentra en la danza contemporánea para transmitir toda la carga trágica de la toná.

El panorama cinematográfico de los sesenta se completa con *El último verano* (dirigido por Juan Bosch en 1961), con La Chunga; *Marisol rumbo a Río* (dirigido por Fernando Palacios en 1963) y *Búsqueme a esa chica* (dirigido por Fernando Palacios y George Sherman en 1965), con Enrique *el Cojo* como coreógrafo; *José María el Tempranillo* (dirigido en 1963 por José María Forn), con Faíco; *En busca del amor* (dirigido por Jean Negulesco en 1964), con Antonio Gades; los documentales *Antonio en la cueva de Nerja* (dirigido por Manuel Gutiérrez Torrero y Fernando Pallarés en 1963) y *Sinfonía española* (dirigido por Jaime Prades en 1964), en el que también participan Lola Flores y El Pescaílla; *Ship of fools* (dirigido por Stanley Kramer en 1965), con José Greco; *Gitana* (dirigido por Joaquín Bollo Muro en 1965), con El Güito; *Con el viento solano* (dirigido por

Cartel de *María de la O*.

Mario Camus en1966), con Vicente Escudero y Antonio Gades; *El amor brujo* (dirigido por Francisco Rovira Beleta en 1967), con Antonio Gades, Rafael de Córdova y La Polaca; *Último encuentro* (dirigido por Antonio Exceiza en 1967), con Antonio Gades y Cristina Hoyos; *España otra vez* (dirigido por Jaime Camino en 1969), con Enrique *el Cojo* y *Carola de día, Carola de noche* (dirigido por Jaime de Armiñán en 1969), con coreografía de Enrique *el Cojo*.

Una trilogía de TVE

A principios de los setenta, TVE produce dos piezas clásicas del ballet español: *El sombrero de tres picos* (1972) y *El amor brujo* (1973) de Manuel de Falla. Encarga la coreografía a Antonio y ambas se ruedan en parajes naturales. La dirección de la primera corre a cargo de Valerio Lazarov y el rodaje se lleva a cabo en Arcos de la Frontera (durante este rodaje tuvo lugar uno de los episodios más esperpénticos de la reciente historia judicial de nuestro país. Antonio fue acusado, juzgado, condenado y encarcelado por blasfemar en público). El trabajo conjunto de cineasta y coreógrafo consigue una de las obras cumbre de la cinematografía dancística. Antonio consigue transmitir con una deslumbrante precisión y belleza plástica todas las burlas, la ironía y el juego amoroso que exhala la obra del músico gaditano y, por añadidura, nos regala una farruca antológica que interpreta él mismo. Para *El amor brujo* Televisión Española cuenta con Petr Weighl, en la dirección, y de nuevo con Antonio para la coreografía. El resultado es una versión muy cercana a la que el bailarín sevillano había montado para el filme *Luna de miel*. Un año después, se completa este trabajo con una tercera obra coreografiada e interpretada por Antonio. Se titula *La taberna del toro* y se rueda en la plaza de toros de Ronda, bajo la dirección de José A. Páramo. En ella, se ofrece un espléndido recital de bailes flamencos. José Antonio interpreta la farruca, Carmen Rojas baila el taranto y mete *Los cuatro muleros* por guajiras, y los dos y el cuerpo de baile hacen unos caracoles. Antonio, con el cante de Chano Lobato y el toque de Manuel Morao, nos hace el mirabrás y una caña antológica. La película se cierra con unos fandangos interpretados por Antonio con toda la compañía.

También se estrenaron en los setenta un excepcional documental titulado *A través del flamenco* (dirigido por Claudio Guerín en 1972), con actuaciones de Matilde Coral, Rafael de Córdova, Pepe de la Matrona, Manolo Sanlúcar y El Lebrijano, así como *Flamenco en Castilla* (dirigido por José López Clemente en 1970), con Vicente Escudero y María Márquez; *The proud and the damned* (dirigido por Ferde Gofré en1972), con José Greco; el documental *Camelamos naquerar* (dirigido por Miguel Alcobendas en 1976), con Mario Maya; *La Carmen* (dirigido por Julio Diamante en 1976), con Enrique *el Cojo*, Rafael de Córdova, Sara Lezana, Enrique Morente, El Agujetas, Pepe de Lucía y Enrique de Melchor; y *El límite del amor* (dirigido por Rafael Romero Marchent en 1976), con Enrique *el Cojo*.

Saura-Gades

En 1981, se inicia la colaboración entre Antonio Gades y Carlos Saura con *Bodas de sangre*. Dos años después, ruedan *Carmen* y en 1985 completan la trilogía con *El amor brujo*. Son tres filmes que, como en el caso de la trilogía de TVE, tienen como único protagonista el espectáculo flamenco. Tres películas hechas con absoluto respeto por los contenidos dancísticos que se han convertido en modelos no sólo cinematográficos, sino ejemplos de coreografía flamenca.

En *Bodas de sangre* Carlos Saura respeta escrupulosamente el montaje que de esa tragedia lorquiana había hecho Gades en 1974, aunque añada lo que terminaría siendo la firma del director aragonés en este tipo de cintas: la llegada de los artistas (Antonio Gades, Cristina Hoyos, El Güito, Juan Antonio Jiménez, Carmen Villena, Pilar Cárdenas, José Mercé, Gómez de Jerez, Emilio de Diego y Antonio Solera), que hacen de sí mismos. El filme de Saura se proyectó en todo el mundo y obtuvo una crítica inmejorable.

Carmen, interpretada por Antonio Gades, Cristina Hoyos, Juan Antonio Jiménez, Laura del Sol, Gómez de Jerez, Manolo Sevilla, Antonio Solera, Manuel Rodríguez y Lorenzo Virseda, con música de Paco de Lucía, que interviene asimismo en el filme, vuelve a deslumbrar a todos con secuencias memorables, como el apunte de paso a dos entre Gades y Cristina

Hoyos con Paco de Lucía interpretando a Bizet por bulerías, la escena de las cigarreras en la fábrica de tábacos con un insuperable mano a mano entre Cristina Hoyos y Laura del Sol que trae a la memoria los enfrentamientos de grupos rivales de *West Side Story*, la aparición de los militares para prender a Carmen con unos pasos plenos de marcialidad que pasarían al repertorio de recursos de la danza contemporánea y flamenca, la farruca que baila Gades a palo seco y la pelea entre Gades y Juan Antonio Jiménez con la fuerza que le dan los golpes de los bastones que portan ellos y los que presencian la escena. Esta obra, una de las cintas más conocidas y valoradas de la filmografía de Saura, obtuvo en 1983 el Gran Premio Especial de la Comisión Superior Técnica en el Festival de Cannes, el Premio a la Mejor Contribución Artística en el Festival de Cannes, y en 1985 el Premio a la Mejor Película Extranjera en Inglaterra, en Japón y en Alemania. Fue además seleccionada para el Oscar a la Mejor Película de Habla no Inglesa, para el Globo de Oro en Estados Unidos y para el César en Francia.

Con *El amor brujo*, interpretada por Antonio Gades, Cristina Hoyos, Paco de Lucía, Juan Antonio Jiménez, Laura del Sol, Gómez de Jerez, Manolo Sevilla, Antonio Solera, Manuel Rodríguez y Juan Manuel Roldán, logran también momentos de una belleza y expresividad insuperables, como lo son la alboreá granadina que constituye una interesantísima estilización teatral del ritual de la boda gitana, el paso a dos por seguiriya que hacen Gades y la Hoyos sobre fondo musical de Falla o la danza del fuego. El filme logró dos Goyas en 1986: a la Mejor Fotografía (Teo Escamilla) y al Mejor Diseño de Vestuario (Gerardo Vera) y fue nominada para el Premio a la Mejor Película del Festival de Cine Fantástico de Oporto, en 1987.

Otros filmes de esta década fueron: *Corre gitano* (dirigido por Tony Gatlif en 1982), con Carmen Cortés y Mario Maya; *Carmen* (dirigido por Francesco Rosi en 1983), con Enrique *el Cojo*, Cristina Hoyos y Juan Antonio Jiménez, y *Montoyas y Tarantos* (dirigido por Vicente Escrivá en 1989), con Cristina Hoyos y Antonio Canales. Y en las siguientes, *Alma gitana* (dirigido por Chus Gutiérrez en 1995), con Merche Esmeralda; *La flor de mi secreto* (dirigido por Pedro Almodóvar en 1995), con Manuela Vargas y Joaquín Cortés, y los documentales *Mujeres flamencas* (dirigido por Mike Figgis en 1997), con Sara Baras y Eva *la Yerbabuena* y *Pulse: a stomp odyssey* (dirigido por Keith Middleton en 2003), con Eva *la Yerbabuena.*

Ya en los noventa Carlos Saura volvió a retomar el tema jondo con *Flamenco*, estrenada en 1995, en la que Merche Esmeralda hace una bella y sugerente coreografía de la guajira, Joaquín Cortés una farruca, Mario Maya el martinete que había interpretado en *Camelamos naquerar*, María Pagés una petenera con siluetas al trasluz, como ella misma había hecho en *De la luna al viento*, Manuela Carrasco, Farruco y Farruquito bailan por soleá, Matilde Coral por alegrías y Belén Maya y Joaquín Grilo por bulerías. Después, en 2001, ha llevado al cine la *Salomé* de Aída Gómez y en 2005 ha rodado *Iberia* con Sara Baras, Antonio Canales y Manolo Sanlúcar.

18. La danza-teatro

A principios de los setenta nace la versión flamenca de lo que en Europa se conoce como danza-teatro, una fórmula escénica en la que se fundían en una misma persona guionista, dramaturgo y coreógrafo, para comunicar, mediante el baile, la música y el cante, sentimientos y anhelos que nunca habían sido transmitidos así.

'Quejío'

La primera obra flamenca de este tipo, *Quejío*, se estrena en Madrid, en el Teatro Experimental Independiente, el 15 de febrero de 1972. Ese día el baile flamenco se convertía además en lenguaje político para denunciar lo que de injusto tenían los tiempos que entonces corrían. Como escribe José Luis Navarro (*Paso a dos de Terpsícore y Talía,* Sevilla, 2004):

> Ese día se abría un nuevo capítulo en la historia del baile flamenco, porque ese día el baile invadía los territorios del teatro. Fue un signo de madurez y una muestra de la riqueza de su patrimonio. El baile flamenco ya no sólo era capaz de poner pasos y movimientos a la música sinfónica, sino que podía contar historias, podía revivir sobre un escenario las dichas y desdichas de todo un pueblo.

Quejío la había montado La Cuadra de Sevilla, dirigida por Salvador Távora, y con ella se enriquecía el baile flamenco con actitudes y movimientos que pronto se convirtieron en imágenes emblemáticas de los contenidos político-sociales que estaba transmitiendo el baile flamenco. Uno, especialmente, ha quedado para la historia (afortunadamente, fue recogido en la serie *Rito y geografía del baile*, rodada por TVE), el zapateado que interpretaba Juan Romero al compás de la seguiriya. Un zapateado obsesivo y rabioso. Dramático. Un zapateado que transmitía con exactitud lo que iban diciendo las letras del cante:

Yo he aprendío en la vía,
sin saber leer,
que si me faltan las manos
me quean los pies.

Un zapateado que Juan ejecutaba con los puños cerrados y las manos atadas a unas cuerdas que le unían a un bidón que nadie era capaz de mover de su sitio. Un bidón que representaba la opresión, la tiranía, la dictadura, y del que partían unas cuerdas a las que se ataban y de las que tiraban, como lo hacía Romero, los que luchaban por la libertad. Romero estrenaba además un vestuario insólito en el baile flamenco de entonces: unos vaqueros y unas botas descaradamente viejas.

'Camelamos naquerar'

Los pasos dados por Salvador Távora los siguió, casi de forma inmediata, Mario Maya con *Ceremonial*, estrenada en 1974, una importante incursión en la experimentación dancística. En 1975, Távora estrenó *Los palos*, una reflexión sobre los últimos días de Federico García Lorca, y un año después Mario Maya presentaba *Camelamos naquerar*, otra obra emblemática de los nuevos tiempos. Un alegato en defensa del gitano, en el que Mario consolidaba la imagen del ansia de libertad y de las fuerzas de la represión, zapateando por martinete. Así lo ha descrito él:

> Dos cantaores me cogían de las manos, me tiraban para atrás y yo me quería escapar. Yo simulaba como si fuera un mulo de carga. Era una cosa represiva. Bailaba un martinete a compás, zapateando, pero llevaba una carga emocional. Esa escena me la invento a través de un texto. El texto existe y tú tienes que reflejar unas emociones, tú tienes que recrear plásticamente esas emociones. Esa escena venía de una pragmática de Isabel la Católica contra los gitanos. Era una represión total. Era como un mensaje subliminal que tú recibes a través de lo que lees, de lo que sientes, y entonces creas ese momento.

Después siguieron *¡Ay, jondo!* (1977), de Maya, sobre la explotación del campesinado andaluz, y *Herramientas* (1977), de Távora, sobre la dominación del trabajador por la máquina. Luego, Salvador Távora ha seguido

Quejío. 1972.

reflexionando sobre Andalucía y denunciando injusticias con *Andalucía amarga* (1979), sobre la emigración; *La piel de toro* (1985), sobre los tópicos de la cultura andaluza; *Alhucema* (1988), una ceremonia ritual de la Andalucía histórica; *Picasso andaluz o la muerte del minotauro* (1992), otro ceremonial que nos habla del pintor malagueño, del toro y de Andalucía, e *Identidades* (1994), un encuentro con la cultura popular catalana.

'Rango', 'Don Juan' y 'Bodas de sangre'

Un género cercano a la danza-teatro fue la puesta en escena, también mediante el baile y el cante, de obras dramáticas. Lo inauguró Rafael Aguilar con *Rango*, estrenada en París en 1963. La obra estaba basada en *La casa de Bernarda Alba* de Federico García Lorca, pero Aguilar tuvo que cambiar su título ya que, al ser un completo desconocido, los herederos del poeta granadino no le autorizaron para que utilizase el original. El nuevo género nacía así precisamente con un texto del escritor más íntimamente vinculado a lo jondo. Dos años después, Antonio Gades, en colaboración con José Granero, estrenaría *Don Juan*, con texto de Alfredo Mañas y música de Antón García Abril. Una obra que sufrió los envites de una censura ciega. Así lo ha contado el propio Gades (*Semanal,* 4 de agosto de 2002):

> Recuerdo cómo se cargaron *Don Juan* en su estreno. Había una orden del Ministerio del Interior, del que entonces era titular Fraga Iribarne, donde pasaron una nota a los periodistas para que de don Juan se hablara sólo una vez y mal. Y se lo cargó la censura. Yo sacaba una especie de medallón colgado y los censores miraron a ver si llevaba la Virgen para prohibirlo. Quitaron la cama que tenían doña Inés y don Juan. Lo tuvimos que hacer en el suelo. Fue algo tremendo. Pero yo soy un toro bravo. Cuando me pican, me vuelvo otra vez al caballo. Las críticas decían que aquello era banal, cuando casi todo lo que se hablaba eran textos de Neruda, de Alberti o de Machado. ¿Cómo se puede decir eso? Y claro, la catástrofe vino cuando yo decía: 'Dame vino, amada mía / que vale mucho más cuando amanece el día / el eructo de un borracho que el rezo de un hipócrita'. En el año 65 fue duro, naturalmente.

Sin embargo, la intransigencia de una dictadura moribunda no podía cerrarle las puertas a la imaginación y el coraje artísticos y a partir de ese momento no tardaron en empezar a llegar verdaderas obras maestras de este tipo de danza dramática. En 1974, lo hacía *Bodas de sangre* de Antonio Gades, con texto de Alfredo Mañas y música de Emilio de Diego; en 1982 Salvador Távora volvía a montar esta tragedia lorquiana con el título de *Nana de espinas*; y en 1983 Mario Maya montaba *El Amargo* también con textos de Lorca, una obra en la que, a tono con los nuevos tiempos, la denuncia se torna reflexión estética.

"Medea"

En 1984, la danza dramática se asoma a nuevos territorios y encara obras cumbre de la literatura universal. Ese año, José Granero, con el Ballet Nacional, con una música soberbia de Manolo Sanlúcar y una interpretación insuperable de Manuela Vargas, lleva a las tablas *Medea* de Eurípides, otro hito en la historia reciente de la danza flamenca. Fue otro paso que no tardó en encontrar seguidores. En 1987, Salvador Távora estrenaba *Las bacantes*, una pieza trascendental en la obra del sevillano, en la que a partir de la tragedia de Eurípides se confrontan los componentes báquicos y apolíneos de la cultura andaluza; y en 1988 Mario Maya volvía a los textos lorquianos con *Tiempo, amor y muerte*.

'Crónica de una muerte anunciada' y 'Fuenteovejuna'

En 1990, Salvador Távora da un nuevo paso y toma como punto de partida una novela, *Crónica de una muerte anunciada* de Gabriel García Márquez, para hacer con cante, toque y baile un nuevo alegato contra la violencia. Y, en 1994, Antonio Gades consolida el género con una nueva obra maestra: *Fuenteovejuna*. Gades selecciona los hechos esenciales de la tragedia de Lope –la boda y la celebración de las gentes del pueblo, la violación de la recién casada por el comendador, la rebelión y la ejecución del tirano– y con un texto preparado por José Manuel Caballero Bonald, los arreglos musicales de Faustino Núñez, la colaboración de Juanjo Linares en las danzas folclóricas y una escenografía esquemática (unos aperos de labranza y una valla de lanzas) nos cuenta con precisión y belleza plástica la arrogancia, crueldad y castigo de Fernán Gómez.

Desde entonces, no han dejado de montarse obras que responden a estos modelos y que continúan enriqueciendo el patrimonio de la danza jonda.

19. Se acaba un milenio

Durante las últimas décadas del siglo XX, han nacido y se han consolidado acontecimientos flamencos que han marcado los rumbos por los que hoy transita el baile flamenco. Unos (el Concurso Nacional de Córdoba y el Festival Nacional del Cante de las Minas) han colaborado en el mantenimiento de las fuentes de la tradición; otros (la Bienal de Arte Flamenco de Sevilla y el Festival de Jerez) están abriendo de par en par las puertas del futuro.

El Concurso Nacional de Córdoba

El Concurso de Córdoba nace en mayo de 1956, con la intención de revivir lo que fuese el Concurso celebrado en Granada en 1922, bajo las batutas de Manuel de Falla y Federico García Lorca. En un primer momento, el baile, que no forma parte del concurso, se reduce a la presencia del Ballet de Roberto Jiménez y de Manolo Vargas, la noche de la presentación al público de los ganadores. Los premios dedicados específicamente al baile no se convocan hasta su IV edición, en 1965. Desde entonces, cada tres años, cuantos quisieron refrendar su valía artística en esta manifestación jonda se han asomado a la ciudad de los califas con la esperanza de alcanzar alguno de los galardones que allí se entregaban. Quienes se alzaron con ellos han sido:

IV Concurso (1965)

Premio "Antonio" (soleares y bulerías): Paco Laberinto.
Accésit: Eugenia Montero.
Premio "Pastora Imperio" (farruca): Desierto.
Accésit: Luisa Verrette.
Premio "Pilar López" (alegrías): Matilde Coral.
Premio "Verdiales" (fandangos y verdiales): Grupo Feria de Mayo, de Sevilla.
Premio Infantil Extraordinario: Rosita Moreno.

V Concurso (1968)

Premio de Honor "Encarnación López La Argentinita": (alegrías, soleares o seguiriyas): Compartido entre Matilde Coral y Merche Esmeralda.
Primer Premio: (tangos-tientos): Desierto.
Segundo Premio: (bulerías, farruca, garrotín y otros bailes festeros): Manuel Corrales "El Mimbre".
Tercer Premio: (zapateado): Desierto.
Accésits: Lolita Orozco y Pastora Molina.

VI Concurso (1971)

Premio "Juana La Macarrona" (alegrías, soleares, seguiriyas y cañas): Isabel Romero García.
Premio "La Malena" (tangos y tientos): Desierto.
Premio "Pastora Imperio" (bulerías, farruca, garrotín y otros bailes festeros): Loli Flores.
Premio "Encarnación López La Argentinita" (otros bailes): Carmen Montiel.

VII Concurso (1974)

Premio "Juana La Macarrona" (alegrías, soleares, seguiriyas y cañas): Pepa Montes.
Accésit: Carmen Juan.
Premio "La Malena" (tangos y tientos): Ana María Bueno.
Accésit: Rocío Loreto.
Premio "Pastora Imperio" (bulerías, farruca, garrotín y otros bailes festeros): Manuela Carrasco.
Accésit: José Cortés "El Biencasao".
Premio "Encarnación López La Argentinita" (otros bailes): Milagros Mengíbar.

VIII Concurso (1977)

Premio "Juana La Macarrona" (alegrías, soleares, seguiriyas y cañas): Mario Maya.
Accésits: Ricardo "El Veneno" y Concha Vargas.
Premio "La Malena" (tangos y tientos): Carmen Albéniz.
Premio "Pastora Imperio" (bulerías, farruca, garrotín y otros bailes festeros): Mario Maya.
Premio "Encarnación López La Argentinita" (otros bailes): Carmen Juan.

IX Concurso (1980)

Premio "Juana La Macarrona" (alegrías, soleares, seguiriyas y cañas): María Oliveros Parejo.
Premio "La Malena" (tangos y tientos): Carmen González Santos.
Premio "Pastora Imperio" (bulerías, farruca, garrotín y otros bailes festeros): Angelita Vargas.
Premio "Encarnación López La Argentinita" (otros bailes): Milagros Pérez Martínez "Milagros".

X Concurso (1983)

Premio "Juana La Macarrona" (alegrías, soleares, seguiriyas y cañas): Carmen Ledesma.

Premio "La Malena" (tangos y tientos): Pepa Montes.
Premio "Pastora Imperio" (bulerías, farruca, garrotín y otros bailes festeros): Clementina García "Meme".
Premio "Encarnación López La Argentinita" (otros bailes): Concha Calero.

XI Concurso (1986)
Premio "Juana La Macarrona" (alegrías, soleares, seguiriyas y cañas): Asunción Rueda Torres "La Toná".
Mención especial: Joaquín Grilo Mateos.
Premio "La Malena" (tangos y tientos): Lalo Tejada.
Premio "Pastora Imperio" (bulerías, farruca, garrotín y otros bailes festeros): Juan Navas Salguero "Ramírez".
Premio "Encarnación López La Argentinita" (otros bailes): Inmaculada Aguilar.
Mención especial: Ana Rodríguez y Patricia Linares.

XII Concurso (1989)
Premio Especial "Antonio" (bailaor o bailaora más completo): Javier Latorre.
Premio "Juana La Macarrona" (alegrías, mirabrás, romera y rosas): Javier Latorre.
Premio "La Malena" (tangos, tientos, garrotín, taranto y zambra): Yolanda Heredia Calderón.
Premio "La Mejorana" (soleares, seguiriyas, caña y polo): María del Mar Berlanga.
Premio "Vicente Escudero" (farruca, zapateado y martinete): Joaquín Grilo Mateos.
Premio "Encarnación López La Argentinita" (caracoles, rondeñas, serranas, peteneras, guajiras, jaberas): José Joaquín Navarro Cruz.
Premio "Paco Laberinto" (bulerías, canasteros, zorongo, alboreá, rumba y tanguillos): Javier Latorre.

XIII Concurso (1992)
Premio Especial "Antonio" (bailaor o bailaora más completo): Desierto.
Premio "Juana La Macarrona" (alegrías, mirabrás, romera y rosas): Desierto.
Premio "La Malena" (tangos, tientos, garrotín, taranto y zambra): Victoria Palacios.
Premio "Vicente Escudero" (farruca, zapateado y martinete): Antonio Alcázar.
Premio "La Mejorana" (soleares, seguiriyas, caña y polo): La Yerbabuena.
Premio "Encarnación López La Argentinita" (caracoles, rondeñas, serranas, peteneras, guajiras, jaberas): Mariló Regidor.
Premio "Paco Laberinto" (bulerías, canasteros, zorongo, alboreá, rumba y tanguillos): Desierto.

XIV Concurso (1995)
Premio especial "Antonio" (bailaor o bailaora más completo): Desierto.
Premio "Juana La Macarrona" (alegrías, mirabrás, romera y rosas): Antonio Ríos Fernández *Antonio el Pipa*.
Premio "La Malena" (tangos, tientos, garrotín, taranto y zambra): Desierto.
Premio "Vicente Escudero" (farruca, zapateado y martinete): Israel Galván.

Premio "La Mejorana" (soleares, seguiriyas, caña y polo): Beatriz Martín y Ángel Muñoz, ex aequo.
Premio "Encarnación López la Argentinita" (caracoles, rondeñas, serranas, peteneras, guajiras, jaberas): Atsuko Kamata *Ami*.
Premio "Paco Laberinto" (bulerías, canasteros, zorongo, alboreá, rumba y tanguillos): Antonio *el Pipa*.

XV Concurso (1998)
Premio especial "Antonio" (bailaor o bailaora más completo): Desierto.
Premio "Juana la Macarrona" (alegrías, mirabrás, romera y rosas): Rafael del Pino *Keko*. Mención honorífica: Hiniesta Cortés.
Premio "La Malena" (tangos, tientos, garrotín, taranto y zambra): Rosario Toledo.
Premio "Vicente Escudero" (farruca, zapateado y martinete): Fernando Romero.
Premio "La Mejorana" (soleares, seguiriyas, caña y polo): Desierto.
Mención honorífica: Mónica Fernández.
Premio "Encarnación López la Argentinita" (caracoles, rondeñas, serranas, peteneras, guajiras, jaberas): Rosario Toledo.
Premio "Paco Laberinto" (bulerías, canasteros, zorongo, alboreá, rumba y tanguillos): Fernando Romero.

XVI Concurso (2001)
Premio especial "Antonio" (bailaor o bailaora más completo): Desierto.
Premio "Mario Maya" (alegrías): Daniel Navarro.
Premio "Matilde Coral" (tangos): Pastora Galván.
Premio "Antonio Gades" (zapateado): Mercedes Ruiz.
Premio "Eduardo Serrano el Güito" (soleá): Hiniesta Cortés.
Premio "Pilar López" (guajira): Desirée Rodríguez Calero *La Merenguita*.
Premio "Carmen Amaya" (bulerías): Eduardo Lozano *Edu Lozano*.

XVII Concurso (2004)
Premio especial "Antonio" (bailaor o bailaora más completo): Desierto.
Premio "Carmen Amaya" (bulerías): Soraya Clavijo Castillo.
Premio "Matilde Coral" (taranto): Dolores Pérez González *Lola Pérez*.
Premio "Mario Maya" (alegrías): Ana Belén López Ruiz.
Premio "Antonio Gades" (farruca): María Palmero Gómez *María Borrull*.
Premio "Pilar López": Desierto.
Premio "El Güito": Desierto.

XVIII Concurso (2007)
Premio especial "Antonio" (bailaor, o bailaora más completo): Marcos Flores
Premio "Mario Maya": Concha Jare o y Marco Flores, ex aequo.
Premio "Matilde Coral": Concha Jare o.
Premio "Antonio Gades": Marco Flores.
Premio "Eduardo Serrano el Güito": Alfonso Losa.
Premio "Pilar López": Olga Pericet.
Premio "Carmen Amaya": Marco Flores y Fran Espinosa, ex aequo.

El Festival Nacional del Cante de las Minas

El Festival Nacional del Cante de las Minas nace en 1961 en La Unión (Murcia) con el fin de revitalizar el cante de la minería. El primer premio dedicado al baile, el Desplante Minero, se convoca en 1994 y para lograrlo se ha de interpretar el taranto, más otro estilo a elección del concursante. Hasta la fecha se han concedido los siguientes:

1994. Javier Latorre
1995. María José Franco
1996. Israel Galván
1997. Desierto
1998. Desierto
1999. Rafael Campallo
2000. Hiniesta Cortés
2001. Rafael de Carmen
2002. María Ángeles Gabaldón
2003. Fuensanta *la Moneta*
2004. David Pérez
2005. Daniel Navarro
2006. María Juncal. Pilar Ogalla (2º)
2007. Patricia Guerrero.Yolanda Osuna (2º)
2008. Alfonso Losa. Concha Jarezo (2º)
2009. Ana Morales. María Canea (2º)

La Bienal de Arte Flamenco de Sevilla

La Bienal de Arte Flamenco de Sevilla nace en 1980 con la idea fija de superar lo que hasta ese momento significaba el Concurso de Córdoba. Quiere ser el concurso de concursos y más que un concurso. Se establece un premio, El Giraldillo, que, cada dos años, habría de premiar al artista más completo en cada una de las manifestaciones de lo jondo: cante, baile y toque. Los premios de baile los conseguirían Mario Maya en 1982 y Javier Barón en 1988. Ese año, Lalo Tejada lograba también el Giraldillo de Jóvenes. En 1992 desaparece el Giraldillo de los consagrados y en 1996 se crea el Giraldillo de Jóvenes. En cada Bienal, hasta la de 2004, en la que también desaparece este concurso, se disputan tres: el de cante, el de baile y el de toque. Los de baile los consiguieron:

1996. Israel Galván
1998. Rafael de Carmen
2000. Andrés Peña
2002. Mercedes Ruiz

A estos galardones hay que sumar, desde 2002, las estatuillas que han premiado algunos espectáculos. Los referidos al baile son los siguientes:

XII Bienal

Antonio Gades (Giraldillo extraordinario por su trayectoria artística y por su aportación al mundo flamenco).
Dime de Javier Barón (Giraldillos al mejor guión, a la mejor dirección artística y al mejor grupo de acompañamiento).
Rinconete y Cortadillo de Javier Latorre (Giraldillo a la mejor coreografía y al mejor vestuario).
Tierra adentro de Cristina Hoyos (Giraldillo al mejor cuerpo de baile).
Eva la Yerbabuena (Giraldillo a la mejor intérprete protagonista de baile).

XIII Bienal

Alicia de Los Ulen (Giraldillo al mejor guión).
A cuatro voces de Eva la Yerbabuena (Giraldillo a Paco Jarana por la mejor música).
Canciones antes de una guerra de María Pagés (Giraldillos a la mejor coreografía, a su director artístico, José María Sánchez, y al mejor cuerpo de baile).
Israel Galván (Giraldillo al mejor intérprete de baile).
Manuela Carrasco (Premio 25 Aniversario al baile).

XIV Bienal

Eva Yerbabuena (Giraldillo al Baile).
Javier Barón (Giraldillo a la Maestría).
Luisa Palicio (Giraldillo "Revelación").

I Giraldillo de la Bienal de Sevilla. 1980.

La Francesa y Malgama (Giraldillo ex-aequo a la Innovación).
La puerta abierta de Isabel Bayón (Giraldillo al Mejor Espectáculo).
Andalucía, el flamenco y la Humanidad de Mario Maya (Giraldillo a la Mejor Dirección Escénica).
Obra coreográfica de José Granero y reposición de *Bodas de sangre* de Antonio Gades (Giraldillo a la Mejor Coreografía).

XV Bienal

Israel Galván (Giraldillo al baile).
Pepa Montes (Giraldillo a la maestría).
Asunción Pérez "Choni" (Giraldillo Revelación).
Ti-me-Ta-ble de Marcos Vargas y Chloé BrOlé (Giraldillo a la innovación).
Autorretrato de María Pagés (Giraldillo al mejor espectáculo).
Sara Baras por *Carmen* (Giraldillo a la mejor dirección escénica).
Rocío Molina y Rafaela Carrasco (Giraldillo ex aequo a la Mejor Coreografía).
Matilde Coral y Miguel Poveda por la soleá final de Tórtola Valencia de Isabel Bayón (Giraldillo "Momento Mágico Bienal 2008").
El final de este estado de Cosas Redux de Israel Galván (Giraldillo Especial del Jurado).

Pero la Bienal nunca ha sido un concurso sin más y muy pronto se convierte en un semillero de ideas y de nuevas y renovadas fórmulas para la organización del espectáculo flamenco. Especialmente durante la etapa en la que estuvo al frente de ella su creador, José Luis Ortiz Nuevo, la Bienal ha organizado ella misma el contenido de sus espectáculos, marcando así las pautas de lo que podría y debería ser un festival flamenco. Luego, ha dado un paso más y ha propiciado y producido espectáculos que, con el baile como protagonista, han puesto las bases y han mostrado los caminos del futuro. Así es como nacieron *Tango* (1992), dedicada a los compases binarios de procedencia ultramarina, con coreografía de María Pagés y música de José Antonio Rodríguez; *De la luna al viento* (1994), con María Pagés, Carmen Linares, Rafael Riqueni y José María Gallardo; *Por aquí te quiero ver* (1996), con Manuel Soler, Javier Barón, Israel Galván y Rafael Campallo, todo un monumento al compás. Después, bajo otros directores, la Bienal ha seguido siendo una muestra imprescindible de lo jondo en donde han estado prácticamente todos cuantos tenían algo que decir en cualquiera de las cuatro manifestaciones del flamenco, cante, toque, baile y piano. En la Bienal estrenó María Pagés *La Tirana* y Salvador Távora *Carmen*, dos hitos en la historia reciente de la danza flamenca. La Bienal ha apadrinado también a cuantos querían embarcarse en la aventura de la coreografía o querían pobrar las alegrías y los sinsabores de la compañía propia, como Javier Barón, Eva *la Yerbabuena,* Israel Galván, Fernando Romero, Isabel Bayón o El Mistela. Y en la Bienal se consagraron Sara Baras y Antonio *el Pipa*, los dos en 1994. El Mistela o Antonio el Pipa. Y en la Bienal se consagraron Sara Baras e Israel Galván.

El Festival de Jerez

Cuando aún no han transcurrido 10 ediciones desde que echase a andar en 1997, el Festival de Jerez se ha convertido en cita anual y obligada de la danza flamenca. Toda una hazaña de su director, Francisco López. Durante unos días Jerez respira flamenco a todas horas y en todos sitios. Desde las primeras horas de la mañana en que empiezan las clases de baile hasta las claras del nuevo día, cuando cierra la peña flamenca *de guardia*, se taconea, se canta, se ve y se habla de flamenco. Se vive intensamente el flamenco.

Cada noche, el Teatro Villamarta se convierte en escaparate de la danza flamenca y española y ofrece lo más significativo del panorama dancístico español. Por su escenario han pasado los espectáculos más relevantes de la historia reciente del baile y en él se han estrenado obras que mostraban los logros del presente o que suponían propuestas arriesgadas del mañana. Vale la pena citar, en este sentido, la presencia en su programación de compañías como el Nuevo Ballet Español y Color Danza, así como los estrenos de *Sentir gitano* (1998) de Manuel Morao, *Heridas al aire* (1998) de Eva *la Yerbabuena, Golpes da la vida* (1999) de José Antonio y Rafael

Campallo, *Al compás del tiempo* (1999) de Cristina Hoyos, *Sueños* (1999) de Sara Baras, *Generaciones* (1999) de Antonio *el Pipa*, *Jácara* (2000) de Joaquín Grilo, la reposición de *Diálogo del Amargo* (2001) de Mario Maya, *Entre amigos* (2001) de José Antonio y Joaquín Grilo, el estreno en España de *Flamenco republic* (2001) de María Pagés, *De 'Cai'... el baile* (2002) de Antonio *el Pipa*, *A mi manera* (2002) de José Granero, *Salomé* (2002) de Carlos Saura y Aída Gómez, *Dibujos en el aire* (2003) de Mercedes Ruiz, *La música del cuerpo* (2003) de Rafaela Carrasco, *De la tierra* (2003) de Antonio *el Pipa*, *Septiembre* (2003) de María del Mar Moreno, *Tierra y fuego* (2003) de Manuela Carrasco y Antonio Canales, *Flamenco de cámara* (2003) de Belén Maya y Mayte Martín, *Un, dos, tres, faa...* (2004) de Mario Maya –en donde Rafaela Carrasco estrenó también su versión de la malagueña–, *Pasión y ley* (2004) de Antonio *el Pipa*, *La edad del oro* (2005) de Israel Galván, *Una mirada del flamenco* (2005) de Rafaela Carrasco, *Gestos de mujer* (2005) de Mercedes Ruiz y *Jerez puro* (2005) de María del Mar Moreno. *A solas* (2006) de Joaquín Grilo, *Un sorbito de lo sublime* (2006) de Manuela Carrasco, *La puerta del silencio* (2006) de Carmen Cortés, *Femenino plural* (2007) de Ángeles Gabaldón, *Del amor y otras cosas* (2007) de Rafaela Carrasco, Almario (2007) de Rocío Molina, *Meridiana* (2007) de Javier Barón, *María, María* (2007) de María del Mar Moreno, *Viva Jerez* (2008), *Del corazón al tacón* (2008) de El Mistela, *Lluvia* (2009) de Eva Yerbabuena, *Mi último secreto* (2009) de Mercedes Ruiz.

Unos espectáculos de los que, desde 1999, cuando la Cátedra de Flamencología jerezana instituyó el Premio de la Crítica, han sido galardonados los siguientes:

1999. Antonio *el Pipa* por *Generaciones.*
2000. Antonio Márquez por *Después de Carmen.*
2001. Sara Baras por *Juana la Loca.*
2002. Antonio Gades y el Ballet Nacional por *Fuenteovejuna.*
2003. Javier Latorre por *Rinconete y Cortadillo.*
2004. José de Udaeta por *El secreto de la castañuela.*
2005. Antonio Márquez por *El sombrero de tres picos* de Falla, *Zapateado* y *El bolero* de Ravel.

2006. Joaquín Grilo por *A solas*.
2007. Mercedes Ruiz por *Juncá*.
2008. Merche Esmeralda, Belén Maya y Rocío Molina por *Mujeres*.
2008. Rafael Estévez y Nani Paños (Premio Revelación)
2009. Rocío Molina por *Oro viejo*
2009. María Pagés por *Autorretrato* (Premio del Público)
2009. Concha Jareño por *Algo* (Premio Revelación)

Es más, el Festival jerezano ha apostado por la creatividad y por el futuro. Para ello, convocó en 1999 un certamen coreográfico que consiguió Fernando Romero con *Eco flamencomorfológico de Johann Sebastian Bach*. Aunque, de momento, por el eterno problema de la financiación, está suspendido en espera de tiempos mejores.

La oferta del Festival, con el paso de los años, se ha ido extendiendo por nuevos locales (Palacio de Villavicencio, Mezquita del Alcázar, Bodega de San Ginés, Museo Taurino, Bodega Los Apóstoles, Sala La Compañía) y completando con recitales de cante y toque, ciclos de conferencias, exposiciones, tertulias, ruedas de prensa, presentación de publicaciones... El Festival de Jerez ha sabido además involucrar en su seno al mundo de las peñas jerezanas con sus *trasnoches* flamencos y ha sido además sede de encuentros y foros nacionales e internacionales en los que se han tratado los más diversos aspectos de la problemática flamenca.

El Festival de Jerez ofrece asimismo –y este es sin duda uno de sus logros más destacados y uno de sus activos más valiosos– la más completa programación de cursos de baile que se pueda imaginar, desde los de iniciación a los de nivel avanzado, con maestros de la categoría de Matilde Coral, Angelita Gómez, Victoria Eugenia, José Granero, Javier Latorre, El Güito, Manolete, Blanca del Rey, José Antonio, Manolo Marín, Merche Esmeralda, Ana María López, Antonio Márquez, Joaquín Grilo, Eva *la Yerbabuena*, Antonio *el Pipa*, María del Mar Moreno, Belén Maya, Inmaculada Aguilar, Isabel Bayón, Ana María Bueno, Rafaela Carrasco, Lola Greco o Javier Barón. Del atractivo universal de estos cursos nos da una idea precisa y cabal la procedencia de sus estudiantes, que para el programa correspondiente a 2005 fue la siguiente (datos facilitados por la Fundación Teatro Villamarta):

Japón	22,19%	Finlandia	0,97%
Alemania	11,71%	Inglaterra	0,97%
Taiwán	9,98%	Australia	0,97%
España	9,57%	Suecia	0,69%
Francia	6,51%	Perú	0,55%
USA	6,51%	Noruega	0,55%
Canadá	6,38%	China	0,41%
Suiza	4,29%	Sudáfrica	0,41%
Italia	4,29%	Argentina	0,41%
Venezuela	2,91%	Dinamarca	0,27%
México	2,21%	Rusia	0,27%
Bélgica	1,94%	Brasil	0,13%
Grecia	1,80%	Chequia	0,13%
Holanda	1,66%	Estonia	0,13%
Austria	1,38%	Singapur	0,13%

Otros premios

La categoría artística de muchos bailaores se ha visto refrendada por premios que tienen a su vez reconocido el prestigio necesario. Aunque ello no quiera decir, en ningún caso, que la ausencia de un premio implique el más mínimo demérito. Tres son los premios más importantes en el panorama actual del baile: los Premios de Baile de la Cátedra de Flamencología de Jerez de la Frontera, los Premios Nacionales de Danza del Ministerio de Cultura y los Premios MAX de las Artes Escénicas de la SGAE, aunque ésta haya cometido algún que otro desatino últimamente. Estos son los artistas que los han conseguido:

Premios de la Cátedra de Flamencología

1965. Rosa Durán
1966. Antonio
1967. Trini España
1968. Loli Cano (Solera de Jerez)

1969. Manuela Vargas
1970. Los Bolecos
1971. Trío Madrid
1972. Merche Esmeralda
1973. Faíco
1974. Manuela Carrasco
1975. Farruco
1976. Mario Maya
1976. Pilar López (Premio a la Maestría)
1977. Carmelilla Montoya
1977. Antonio (Premio a la Maestría)
1979. Matilde Coral
1983. Pepa Montes
1987. Angelita Vargas
1997. El Güito
1999. Blanca del Rey y Angelita Gómez (enseñanza)
2001. Antonio Gades (Maestria), Manolete y Manolo Marín (enseñanza)
2003. Cristina Hoyos
2005. Milagros Mengíbar
2008. Antonio el Pipa
2008. Matilde Coral (Enseñanza)

Premios Nacionales de Danza

1988. Antonio Gades
1990. Cristina Hoyos
1993. Mario Maya
1995. Antonio Canales
1997. José Antonio
2001. Eva la *Yerbabuena*
2002. María Pagés
2003. Sara Baras
2004. Aída Gómez
2005. Israel Galván
2007. Manuela Carrasco
2008. Javier Barón
2009. Lola Greco

Premios MAX

I Edición. 1998.

Antonio Canales por *Gitano* (Mejor Espectáculo de Danza).
Antonio Gades por *Fuenteovejuna* (Mejor Coreografía).
Antonio Gades por *Carmen* (Mejor Intérprete Masculino de Danza).
Aída Gómez por *El sombrero de tres picos* (Mejor Intérprete Femenina de Danza).

II Edición. 1999

Salvador Távora por *Carmen* (Mejor Espectáculo con Proyección Internacional).
Sara Baras por *Sensaciones* (Mejor Intérprete Femenina de Danza).
Antonio Canales por *Bengues* (Mejor Intérprete Masculino de Danza).

III Edición. 2000

Cristina Hoyos por *Arsa y toma* (Mejor Intérprete Femenina de Danza)

IV Edición. 2001

Sara Baras por *Juana la Loca* (Mejor Espectáculo de Danza)
Sara Baras por *Juana la Loca* (Mejor Coreografía)
Sara Baras por *Juana la Loca* (Mejor Intérprete Femenina de Danza)
Antonio Canales por *La Cenicienta* (Mejor Intérprete Masculino de Danza)

V Edición. 2002

Rafael Amargo por *Amargo* (Mejor Espectáculo de Danza).
Rafael Amargo por *Amargo* (Mejor Intérprete Masculino de Danza).

VI Edición. 2003

Rafael Amargo por *Poeta en Nueva York* (Mejor Intérprete Masculino de Danza).

VII Edición. 2004

Cristina Hoyos por *Yerma* (Mejor Intérprete Femenina de Danza).
Rafael Amargo por *El amor brujo* (Mejor Intérprete Masculino de Danza).

VIII Edición. 2005

Eva *la Yerbabuena* por *A cal y canto* (Mejor Espectáculo de Danza).
Eva *la Yerbabuena* por *A cal y canto* (Mejor Intérprete Femenina de Danza).

XIX Edición. 2006

Eva Yerbabuena por A cuatro voces (Mejor Intérprete Femenina de Danza)
Pilar López (Premio de Honor)

XI Edición. 2008

El Junco por Romancero gitano (Mejor Intérprete Masculino de Danza)

XII Edición. 2009

Daniel Doña, Manuel Liñán, Olga Pericet, Teresa Nieto, Jesús Caramés, y Vanessa Medina por De cabeza (Mejor Coreografía)

20. Presente y futuro del baile

El baile flamenco vive un presente rico en todo tipo de formas y manifestaciones danzarias, un presente que presagia un futuro verdaderamente esperanzador. Hoy conviven, enriqueciéndose mutuamente, desde el flamenco más añejo y tradicional hasta las fórmulas y los modelos que han ido surgiendo y consolidándose durante todo el siglo XX. A ellas se unen los empeños actuales, unas propuestas que se asoman decididamente al mañana, situándose en los terrenos de la más arriesgada vanguardia.

Baile a la antigua usanza

Maestros del baile de antaño son Pepa Montes (unas manos de ensueño), Milagros Mengíbar (la elegancia del baile sevillano y el dominio de la bata de cola), Blanca del Rey (reina de la soléa y del mantón), Merche Esmeralda (belleza estilizada), La Tati (imaginación y garbo), Manuela Carrasco (temperamento y estampa), Eduardo Serrano *el Güito* (majestad y compostura) y Manolete (largo en saberes y exuberante en imaginación).

Todos optaron por seguir haciendo el baile que habían heredado de sus mayores, el baile que llevaba el sello de la tradición y de la flamencura, aunque, eso sí, todos lo han enriquecido con la impronta de su personalidad y con los detalles y adornos de su propia inventiva. Todos dieron brillo a las décadas finales del XX y hoy siguen en activo para goce y deleite de las nuevas generaciones. A estos nombres hay que añadir también los de Ana María Bueno, Concha Vargas, Inmaculada Aguilar, Alejandro Granados, Carmelilla Montoya, El Mistela, Juana Amaya, Rafael de Carmen, Beatriz Martín y María del Mar Moreno. Todos siguen los mismos senderos.

El ballet y la danza-teatro

El ballet flamenco, vehículo de la música sinfónica española, tiene actualmente su representante en Antonio Márquez, un bailaor que se ha posicionado por convicción estética en el campo que inaugurasen Pastora Imperio y La Argentina con *El amor brujo* de Falla y al que después daría obras maestras de la danza universal Antonio Ruiz Soler. Sin embargo, son la danza-teatro y Federico García Lorca la fórmula escénica y el autor que más frutos están dando hoy. Lorca ha inspirado el *Rango* (1963) y *Yerma* (1988) de Rafael Aguilar, *Hijas del alba* (1988) de Javier Latorre, *Yerma* (1992) de Cristina Hoyos, *De la luna al viento* (1994) de María Pagés, *De lo flamenco* (1994) –un conjunto de cuadros inspirados en textos de Salvador de Madariaga, Miguel Hernández, Federico García Lorca, Manuel Balmaseda, Diego Carrasco y Carlos Lancero– de la Compañía Andaluza de Danza, *A Federico* (1995) de Carmen Cortés, *Yerma* (1996) de Carmen Cortés, *La Casa de Bernarda Alba* (1997) de Antonio Canales, *Los gitanos cantan y bailan a Lorca* (1997) de Mario Maya, *Así que pasen cien años* (1998) de Carmen Cortés, *Noche en memoria de Federico García Lorca* (1998) de José Luis Ortiz Nuevo, *La casa de Bernarda Alba* (2001) de La Tati, *Dime* (2002) de Javier Barón, *Mariana Pineda* (2002) de Sara Baras, *Poeta en Nueva York* (2003) de Rafael Amargo, *También muere el mar* (2003) –con textos de Jorge Guillén, Federico García Lorca, Gerardo Diego, Emilio Prados, Manuel Altolaguirre, Luis Cernuda y Rafael Alberti– de Carmen Cortés, *Yerma* (2003) de Cristina Hoyos, *Los caminos de Lorca* (2004) del Centro Andaluz de Danza, *A cuatro voces* (2004) –sobre poemas de Federico García Lorca, Vicente Aleixandre, Miguel Hernández y Blas de Otero– de Eva *la Yerbabuena* y *Yerma Mater* (2005) de Salvador Távora. Y, junto a él, son también fuente de inspiración los grandes mitos y personajes legendarios de la historia y de la literatura universal. A ellos deben su existencia *Narciso y Venus* (1995) de Antonio Canales, *Salomé* (1997) y *La Celestina* (2004) de Carmen Cortés, *Prometeo* (2000) y *Minotauro* (2001) de Antonio Canales y *Penélope* (2003) del Ballet Español de Murcia.

Otras obras pertenecientes a este período que merecieron los mayores elogios de prensa y público fueron *La diosa* (1993) de Manuela Carrasco, *Torero* (1993) de Antonio Canales, *Réquiem* (1994) de Mario Maya, *Por ahí te quiero ver* (1996) de Manuel Soler, *Pájaro negro* (1997) de Javier Barón, *Cosas de payos* (1997) de Javier Latorre, *Vivencias* (1997) de Antonio *el*

Pipa, Poeta (1998) de Javier Latorre, *Baile de hierro, baile de bronce* (1999) de Javier Barón, *Juana la Loca* (2000) de Sara Baras, *5 mujeres 5* (2000) de Eva *la Yerbabuena*, *Rinconete y Cortadillo* (2002) de Javier Latorre –una obra que inauguraba además lo que puede considerarse un nuevo género dentro de la danza-teatro: la comedia flamenca–, *La música en el cuerpo* (2003) de Rafaela Carrasco e *Inmigración* (2003) de Ángeles Gabaldón, una pieza en la tradición de la danza-teatro social tavoriana.

La granaína y la malagueña

Entre las novedades que han enriquecido últimamente el patrimonio del baile flamenco, están las recientes versiones de la granaína y la malagueña. En 1996, Carmen Cortés baila la granaína en *Yerma* –antes la había interpretado Fernanda Romero en una versión muy poco conocida–; en 1998, se inventa su propia versión, *Torre de la Vela*, Eva *la Yerbabuena*; en 1999 lo hace Javier Barón en *Un ramito de locura* y en 2000, hace la suya Merche Esmeralda en el homenaje que la Bienal tributa a Matilde Coral. La malagueña sigue los pasos del cante de Granada. En 2002, la baila Andrés Marín en *Más allá del tiempo*. Ese mismo año, lo hace también Mercedes Ruiz, con el cante de Rocío Bazán y el toque de Eduardo Trasierra, en los recitales que dan como ganadores de los últimos Giraldillos de Jóvenes de la Bienal de Sevilla. Y en 2004 estrena en Jerez su versión Rafaela Carrasco, dentro del espectáculo *Un, dos, tres, faa...* de Mario Maya.

Novedades para el nuevo milenio

Las fórmulas estéticas que hoy resultan más llamativas y que se están imponiendo, especialmente en los escenarios internacionales, están marcadas por la multiculturalidad, el musical estilo Broadway neoyorquino y la *jam session* jazzística.

Multiculturalidad

La primera en transitar los caminos del nuevo mestizaje musical y poner pasos flamencos a otras músicas del mundo fue María Pagés en *Tango* (1992), en donde baila a los sones del argentino Astor Piazzolla, y ese mismo año ponía también esos pasos y esas formas a la *Suite Sevilla* del compositor Bill Whelan, un concierto que se estrenó en Dublín y que fue la contribución de Irlanda a la Exposición Universal de Sevilla de 1992. Después, María ha seguido utilizando todo tipo de músicas: Rafael Riqueni, José María Gallardo y Mario Castelnuovo-Tedesco en *De la luna al viento* (1994); el cante de Carmen Linares, *La leyenda del tiempo* de Camarón, *La flor de la canela* de la peruana Chabuca Granda y páginas musicales de Sonia Wierder-Atherton, Daria Honora, Peter Gabriel, Tom Waits y Astor Piazzola en *El perro andaluz. Burlerías* (1996); Bill Whelan, Juan Manuel Cañizares, Kiko Veneno, Astor Piazzola, Eileen Ivers, Gene Kelly, Joseph Kosma, Jacque Prévert, Johnny Mercer, Vincenzo Bellini, Franz Schubert y Johann Pachelbel en *La Tirana* (1998), una obra emblemática de los nuevos tiempos, un auténtico hito en la historia de la danza flamenca. En ella, con la dirección escénica de José María Sánchez, la escenografía de Christian Olivares, el diseño de luces de Olga García, el vestuario de Massimo Stefanini y Milagros Gallego y la colaboración de Manolo Marín y Fernando Romero en la coreografía, hizo una obra maestra que no sólo rendía culto a la multiculturalidad en lo musical, sino que aplicaba un tratamiento globalizador en lo visual, con proyección de imágenes y un uso inteligente de determinados recursos cinematográficos. Así, daba el salto y ponía unas bases firmes para convertir el espectáculo flamenco en un producto artístico que pudiera compararse sin menoscabo con cualquier musical de éxito. Sobre ella ha escrito José Luis Navarro (*Tradición y vanguardia,* Murcia, 2005):

> Para algunos *La Tirana* fue una disparatada herejía; para los más, crítica incluida, fue un goce de los sentidos, una bocanada de frescura, colorido y luminosidad, vitalidad y aires renovadores. Una obra que llevaba por bandera la alegría de vivir y que inmediatamente se aclamó como una nueva obra maestra del baile flamenco.

Esa es la línea que ha seguido María Pagés en sus siguientes montajes: *Flamenco republic* (2001), estrenado precisamente en el Festival Flamenco de Nueva York, y *Canciones para antes de una guerra* (2003).

María Pagés en "La Tirana". 1998. Foto: Nacho Arias

Después de la Pagés, han hecho incursiones a los territorios de la multiculturalidad musical Javier Latorre –*Adiós nonaino* (1997), *Triana, en el nombre de la Rosa* (2004)–, Antonio Canales –*Fuerza latina* (1999) y *La chanson flamenca* (2002)–, Israel Galván –*¡Mira!* (1998), *Metamorfosis* (2000), *Galvánicas* (2002) y *Arena* (2004)–, Fernando Romero –*Bachdaliana* (2000)–, Joaquín Grilo –*De noche. Como quien espera el alba* (2001)– y Belén Maya y Rafaela Carrasco –*Fuera de los límites* (2004).

El gran musical y la 'jam session'

Otra fórmula que goza de vitalidad actualmente en el espectáculo flamenco es la del gran musical con apuntes y detalles de la *jam session* –en sentido estricto, una reunión de músicos que improvisan para su propio deleite–, una propuesta escénica que reúne sobre el escenario a músicos y bailaores y cuyo modelo emblemático lo estrenó Joaquín Cortés en *Cibayí* (1993). En esa obra, el bailarín cordobés se rodeaba de una pequeña orquesta –un *atrás* numéricamente muy fuera de lo común– formada por cuatro guitarras, flauta, violín, contrabajo y percusión, con cinco cantaores. El baile lo ponían Lola Greco –sustituida después por Merche Esmeralda–, Joaquín Grilo y él. Un acompañamiento musical que en su siguiente espectáculo, *Pasión gitana* (1995), asciende a diez músicos –tres guitarras, dos violines, dos contrabajos, una flauta y dos percusionistas– y cuatro cantaores. Este es el prototipo que ha seguido empleando Joaquín Cortés en sus montajes posteriores: *Soul* (1999), *Live* (2000) y *De amor y odio* (2004) y el modelo al que se ajustan, en líneas generales, *Sueños* (1999) de Sara Baras, *Bailaor* (2000) de Antonio Canales y *Esencias. El mundo, el demonio y la carne* (2002) de Manuela Carrasco.

Fusiones

Un término repetido hoy es el de *fusión*. Con él se nombran dos procesos cercanos entre sí, aunque distintos en objetivos. Uno es el maridaje de los pasos y movimientos flamencos con músicas de otros orígenes. Esto es lo que hemos llamado multiculturalidad. El otro es la simbiosis de escuelas dancísticas diferentes, ya sean flamenco y clásico, flamenco y jazz o flamenco y contemporáneo. Este es el tipo de fusión del que más se habla hoy y el que abandera Joaquín Cortés. Sin embargo, es Eva *la Yerbabuena*, una de las mejores bailaoras de todos los tiempos, quien en realidad lleva a la práctica estos procesos con resultados más flamencos. Ella ha bebido de las corrientes más vanguardistas –Pina Bausch y ella sienten una admiración mutua– y ha conseguido después fundirlos en su cuerpo y darles un intenso color flamenco. Sigue en ello los pasos que en su día diese Antonia Mercé *la Argentina* y que después han dado cuantos sintieron deseos de conocer y ansias de crear. El baile de La Yerbabuena, intenso y sincero, ajeno a todo tipo de excesos, arrebatos o efectismos superficiales, es hoy un modelo fértil para seguir enriqueciendo la danza jonda. Y dentro de este tipo de propuestas y preocupaciones estéticas es obligado citar también a grupos como Nuevo Ballet Español de Ángel Rojas y Carlos Rodríguez, la compañía Arrieritos, liderada por Florencio Campo, y Danza en Compañía de Javier Palacios.

El futuro

No podemos decir cómo será el baile dentro de los próximos decenios, pero sí podemos asegurar que quien se ha asomado más de cerca a los territorios del futuro ha sido Israel Galván. En su baile está el pasado, el presente y el anticipo del mañana. El bailaor sevillano ha demostrado que pocos conocían y dominaban como él el baile de corte canónico y tradicional. Luego, espectáculo tras espectáculo, lo ha hecho evolucionar a base de destellos de ingenio, inventándose todo tipo de recursos expresivos, hasta crear su propio vocabulario dancístico. En *Los zapatos rojos* entronca con la tradición del vanguardismo al tiempo que da muestras, en íntima comunicación con Manolo Soler, de una imaginación sin límites. Es una obra en la que rinde su personal homenaje a quien fuese su precursor en estos afanes, Vicente Escudero. En su recuerdo baila al son de una máquina sobre una chapa metálica –evocación de aquellas bocas de riego vallisoletanas en donde practicaba sus redobles su homenajeado–. En *Metamorfosis* asombra a todos interpretando, a base de movimientos salidos del flamenco, la transformación en insecto del kafkiano Gregorio Samsa. Una interpretación en la que busca un intencionado contraste entre la concepción tradicional del baile flamenco –soleá por bulería, mariana, tanguillos, romeras, peteneras y soleares–, representada por su familia, y la más arriesgada vanguardia, representada por él –a base de músicas de George Crumb, Gyorgy Ligeti, Gyorgy Kurtag, Bela Bartok, Cristóbal Halffter, Francisco Guerrero y Luigi Nono– y en la que se asoma continuamente a la fuente de la genialidad. En *Galvánicas* descompone el baile flamenco en sus más mínimos elementos –cada giro de muñeca, cada movimiento de la mano o del brazo, cada golpe de punta o de tacón–, los aísla y analiza con una irrespetuosa lucidez e inflexibilidad, para recomponer con ellos figuras y movimientos inéditos. Y en su última propuesta, *Arena,* vuelve a plantearse retos insospechados. Con ese vocabulario que ha ido formalizando paso a paso, reflexiona y siente en público el mundo del toro y deja en el envite nuevos hallazgos dancísticos y expresivos. Paso a paso, Israel ha terminado creando una nueva estética. Una estética que rinde su tributo tanto a las propuestas cubistas y surrealistas de la vanguardia de principios del siglo XX como a la más innovadora corriente artística actual. Actitudes y figuras inesperadas e inéditas que sorprenden al espectador. Movimientos que él congela para convertirlos en formas escultóricas del nuevo milenio. Una estética transgresora y rabiosamente original que traslada al baile los sentimientos más contradictorios del hombre de hoy. Un camino que preludia un futuro verdaderamente fascinante.

Bibliografía

Alba y Diéguez, Jerónimo de. 1995. *Libro de la gitanería de Triana de los años 1740 a 1750 que escribió el Bachiller Revoltoso para que no se imprimiera*. Sevilla.

Álvarez Caballero, Ángel. 1997. *Pilar López: una vida para el baile*. Murcia: Ayuntamiento de La Unión.

–1998. *El baile flamenco*. Madrid: Alianza.

Blas Vega, José. 1987. *Los cafés de cante de Sevilla*. Madrid: Cinterco.

Blas Vega, José y Ríos Ruiz, Manuel. 1988. *Diccionario Enciclopédico Ilustrado del Flamenco*. Madrid: Cinterco.

Borrow, George. 1841/1999. *Los Zincali (Los Gitanos de España)*. Sevilla: Portada Editorial.

Botkine, Vassili. 1969. *Lettres sur l'Espagne*. París.

Carrasco, Marta. 1992. "Las Academias de Baile en Sevilla: los Pericet", *Actas del Encuentro Internacional La Escuela Bolera*. Madrid.

Colubi Falcó, José Manuel. 1996. "Las bailarinas de Cádiz" en J. L. Navarro y M. Ropero, *Historia del Flamenco*, tomo I. Sevilla: Tartessos.

Cunningham Graham, Robert B. 1898. *Aurora la Cujiñí: una semblanza realista en Sevilla*. Londres.

Cruces Roldán, Cristina. 2003. *Antropología y Flamenco. Más allá de la música (II)*. Sevilla: Signatura.

Doré, Gustave y Davillier, Charles. 1862/1984. *Viaje por España*. Madrid: Adalia.

Dumas, Alejandro. 1846/1992. *De París a Cádiz*. Madrid: Silex.

Escudero, Vicente. 1947. *Mi baile*. Barcelona: Montaner y Simón.

Espín, Miguel. "Tablaos flamencos", en J. L. Navarro y M. Ropero (Dirs.) *Historia del flamenco*, Vol. 3.

Espín, Miguel y Romualdo Molina. 1988. "Bailar, siempre bailar". En *La Argentina y Pilar López*. Sevilla: Caja San Fernando.

Estébanez Calderón, Serafín. 1847/1983. *Escenas andaluzas, bizarrías de la tierra, alardes de toros, cuadros de costumbres y artículos varios*. Madrid: Atlas.

Ford, Richard. 1845/1980. *Manual para viajeros por Andalucía y lectores en casa. Reino de Sevilla*. Madrid: Turner.

Gallego, Antonio. 1990. *Manuel de Falla y El amor brujo*. Madrid: Alianza Música.

Gamboa, José Manuel. 2001. *Guía libre del flamenco*. Madrid: SGAE.

García Mercadal, J. 1952–1962. *Viajes de extranjeros por España y Portugal*. Madrid: Aguilar.

Goujon, Jean–Paul y Camero Pérez, M. C. 1984. *Pierre Louys y Andalucía. Cartas inéditas y fragmentos*. Sevilla: Alfar.

Hidalgo Gómez, Francisco. 1995. *Carmen Amaya*. Barcelona: Libros PM.

Iza Zamácola, Juan Antonio de (Don Preciso). 1799–1802/1982. *Colección de las mejores coplas de seguidillas, tiranas y polos que se han compuesto para cantar a la guitarra*. Córdoba: Ediciones Demófilo.

Lantier, Étienne François de. 1809. *Voyage en Espagne du chevalier Saint–Gervais*. París: A. Bertrand.

Luna, José Carlos de. 1926. *De cante grande y cante chico*. Madrid: Cénit.

Machado y Álvarez, Antonio (Demófilo). 1879/1982. "Cantes Flamencos I", *La Enciclopedia*, 2ª época, nº 21, Sevilla, 25 de octubre de 1879. Reeditado en *De Solelades (Escritos Flamencos. 1879)*. Madrid: Ediciones Demófilo.

–1881/1996. *Colección de cantes flamencos*. Sevilla: Portada Editorial.

Mariana, Juan de. 1872. *Obras de Juan de Mariana*. Madrid: Biblioteca de Autores Españoles, t. XXXI.

Mariemma. 1997. Mis caminos a través de la danza. Tratado de danza española. Madrid: Fundación Autor.

Marín, Rafael. 1902/1995. *Método de guitarra (flamenco)*. Córdoba: Ediciones La Posada.

Martínez de la Peña, Teresa. 1967. *Teoría y práctica del baile flamenco*. Madrid: Aguilar.

–1998. "El baile flamenco contemporáneo y su proyección futura". *Revista de Flamencología* 8.

Navarro García, José Luis. 1993. *Cantes y bailes de Granada*. Málaga: Arguval.

–1999. *Semillas de ébano. El elemento negro y afroamericano en el baile flamenco*. Sevilla: Portada Editorial.

–2002. *De Telethusa a La Macarrona. Bailes andaluces y flamencos*. Sevilla: Portada Editorial.

–2003. *El ballet flamenco*. Sevilla: Portada Editorial.

–2004. *Paso a dos de terpsícore y Talía. La danza–teatro flamenca*. Sevilla: Portada Editorial.

–2006. *Tradición y vanguardia. El baile de hoy. El baile de mañana*. Murcia: Nausícaä.

–2008-2010. *Historia del baile flamenco*. 5 Vols. Sevilla: Signatura.

–2008. *Flamenco en cafés y teatros. Sevilla*: Signatura.

Navarro García, J. L. y Pablo Lozano, Eulalia. 2000. "El baile flamenco hacia el 1898", *La Serneta*, 1.

Navarro García, J. L. y M. Ropero Núñez (Dirs.). 1996. *Historia del flamenco*. 5 tomos. Sevilla: Tartessos.

Olivares de la Peña, J. 1878. *El mundo en la mano*. Barcelona: Montaner y Simón.

Ortiz Nuevo, José Luis. 1975. *Pepe de la Matrona. Recuerdos de un cantaor sevillano*. Madrid: Demófilo.

–1990. *¿Se sabe algo? Viaje al conocimiento del Arte Flamenco en la prensa sevillana del XIX*. Sevilla: Ediciones El Carro de la Nieve.

–1996. *A su paso por Sevilla. Noticias del flamenco en Serva, desde sus principios hasta la conclusión del siglo XIX*. Sevilla: Ayuntamiento de Sevilla.

–1996. "Principios y vicisitudes del flamenco en los teatros y en las academias de bailes del país por el proceloso siglo XIX", en J. L. Navarro y M. Ropero (Dirs.). Tomo II.

–1998. *Mi gustar flamenco very good*. Sevilla: Bienal de Arte Flamenco.

–2000. "Acariciando a Cádiz y a La Habana", *La Factoría*, 10.

Ortiz Nuevo, José Luis y Núñez, Faustino. 1999. *La Rabia del Placer. El nacimiento cubano del tango y su desembarco en España (1823–1923)*. Sevilla: Diputación de Sevilla.

Otero, José. 1912. *Tratado de bailes*. Sevilla.

Pablillos de Valladolid. 1914. *El conservatorio del flamenquismo. Por esos mundos*. Madrid.

Pablo Lozano, Eulalia. 1999. *Cantes extremeños. Un estudio histórico-descriptivo*. Badajoz: Diputación de Badajoz.

–2000. "La bata de cola, un capricho de la majeza", *Candil*, 128.

–2009. *Mujeres guitarristas*. Sevilla: Signatura.

Pablo Lozano, Eulalia y J. L. Navarro García. 2007. *Figuras, pasos y mudanzas. Claves para conocer el baile flamenco*. Córdoba: Almuzara.

Pineda Novo, Daniel. 1996. *Juana, 'la Macarrona' y el baile en los cafés cantantes*. Cornellà de Llobregat: Fundació Gresol Cultural.

Plata, Juan de la. 1961. *Flamencos de Jerez*. Jerez: Editorial Jerez Industrial.

–1996. "Noticias de esclavos, moriscos y gitanos (Jerez, siglos XV y XVI)" en José Luis Navarro García y Miguel Ropero Núñez (Dirs.): *Historia del flamenco*, tomo I.

Puig, Alfonso. 1944. *Ballet y baile español*. Barcelona: Montaner y Simón.

Reyles, Carlos. 1941. *El embrujo de Sevilla*. Buenos Aires: Espasa-Calpe.

Ríos Ruiz, Manuel. 2002. *El gran libro del flamenco*. Madrid: Calambur.

Rodríguez Marín, Francisco. 1929. *El alma de Andalucía en sus mejores coplas amorosas*. Madrid.

Rueda, Salvador. 1892/1983. *Flamenquerías (Notas de color, 1892)*. Córdoba: Virgilio Márquez-Demófilo.

Seco de Lucena, Luis. 1917. *Guía breve de Granada*. Granada: Vázquez y Prieto.

Sneeuw, Arie. 1987. "Algunos datos nuevos para la historia del flamenco", *Candil*, 52.

–1989. *Flamenco en el Madrid del XIX*. Córdoba: Virgilio Márquez Editor.

Swinburne, Henry. 1779. *Travels through Spain in the years 1775 and 1776*. London.

Triana, Fernando el de. 1935. *Arte y Artistas Flamencos*. Madrid: Imprenta Helénica.

Varios. 1988. *Argentina*. Sevilla: Bienal de Arte Flamenco.

Velazquez-Gaztelu, José María. 2000. "El baile en la época de los tablaos", conferencia dictada en Jerez, con motivo del IV Festival de Flamenco.

Efemérides

Circa 1425. Llegan los gitanos a España.

1558. Primera mención documentada de la zarabanda.

1590. Se funda en Valencia la primera academia de baile de la que tenemos noticia.

1601. Primera mención documentada de la chacona.

1613. Está documentada la participación de los gitanos en la procesión del Corpus de Segovia.

1650. Primera mención documentada del zarambeque.

1705. Se menciona un fandango "indiano" en un manuscrito conservado en la Biblioteca Nacional.

1740. Comienzan los hechos reseñados en el *Libro de la gitanería de Triana* de Jerónimo de Alba y Diéguez.

1742. Jimena, una gitana trianera, prepara con su cuadrilla la que fue conocida como Danza del cascabel gordo.

1746. Una nieta de Balthasar Montes baila el manguindoy en casa del Regente de la Real Audiencia de Sevilla.

1747. Los gitanos de Triana montan una máscara, con motivo de la subida al trono de Fernando VI.

1749. Redada contra los gitanos.

1749. Se menciona a Catalina de Almoguera, autora de danzas, en las comparecencias que siguieron en Córdoba a la redada contra los gitanos.

1750. Nace en Motril María Antonia Vallejo Fernández *la Caramba*.

1750. Se menciona el polo en un entremés anónimo.

1755. Se cierran los teatros en Sevilla.

1767. Pablo de Olavide, nombrado Asistente de Sevilla, reabre sus teatros.

1769. Pablo de Olavide funda en Sevilla una academia de baile, "representación y demás habilidades propias del teatro".

1770. Se estrena *Las gitanillas* de Ramón de la Cruz. En este sainete se mencionan unas "seguidillas gitanas con taconeo".

1773. Vicenta Cortinas firma un contrato para la temporada gaditana, en el que se especifica que debía "bailar el fandango todos los domingos y días de fiesta y también el vestir pierna al aire".

1776. La Caramba debuta en Madrid, en el Coliseo de la Cruz, con *La Caramba*, una tonadilla escrita expresamente para ella.

1779. Se vuelven a cerrar los teatros de Sevilla.

1779. El conde de Noroña menciona el "quejumbroso polo agitanado" en un poema que titula *La Quincaida.*

1781. La cuadrilla de Andrea *la del pescado* anuncia la zarabanda y la mogiganga del caracol en la venta de Caparrós, en las afueras de Lebrija.

1788. La gaditana María del Carmen *la Condesita* baila la guaracha en Madrid.

1794. Muere en Cádiz Antón Boliche.

1794. Se estrena *La gitana pobre y el majo enamorado* de Remessi. Es la primera interpretación conocida del zorongo en un escenario teatral.

1795. L. Barrutie dibuja a Mariana Márquez "bailando el zorongo".

1795. Se vuelven a abrir los teatros de Sevilla.

1799. Nace en Málaga Serafín Estébanez Calderón (*El Solitario*).

1799. Se publica una Real Orden por la que se prohíbe representar en toda España a "actores, bailarines y cantantes de otras naciones". Fue derogada en 1821.

1805. Se estrena *El poeta calculista* de Manuel García en Madrid, en el Teatro de los Caños del Peral. En ella, se baila El polo de *El contrabandista.*

1811. Se anuncia en Barcelona un *bayle de gitanos titulado el jaleo, o el Caballito de Cádiz* de Manuel del Pópolo García, que no es otro que el polo de *El contrabandista.*

1815. Se estrena el sainete anónimo *Los gitanos.* En él se emplea el término "jaleo" para referirse a un baile específico.

1820. Antonio Cairón publica su *Compendio de las principales reglas del baile.*

1828. Nace en Sevilla Manuela Perea *la Nena.*

1830. Llega a nuestras costas el tango.

1830. Se publica el *Manual completo de danza* de Carlos Blasis. En él, se incluyen descripciones del fandango, el bolero, las seguidillas, la guaracha, el zorongo, el trípili trápala y la cachucha.

1833. Muere Fernando VII y se cierra el Teatro Real de Madrid.

1833. Dolores Serrall y Mariano Camprubí bailan la cachucha en el Teatro de la Ópera de París.

1836. Fanny Elssler baila la cachucha en París.

1837. Lucille Grahn baila el jaleo de Jerez en Copenhague.

1838. Dolores Serrall y Mariano Camprubí actúan en Marsella.

1839. Nace en Granada el maestro de baile Eduardo Vázquez.

1840. Dolores Serrall, Mariano Camprubí y Augusto Bournonville bailan el jaleo de Jerez.

1840. La Serrall y Camprubí son invitados a actuar en el Teatro Real de Copenhague, con motivo de la coronación de Christian VIII. Bailan la cachucha.

1840. Fanny Elssler se presenta en Washington. Baila la cachucha.

1840. Las señoritas Pérez y Molina y los señores López y Grande bailan en La Habana el jaleo de la yerbabuena.

1844. Las parejas formadas por las señoras Arroyo y Cárdenas y los señores Real y el gaditano Manuel Lara bailan la petenera gaditana en el Gran Teatro de Tacón de La Habana.

1845. Miguel de la Barrera abre academia en Sevilla.

1847. Se inaugura el Liceo de Barcelona. Manuela García y Joan Camprubí bailan el jaleo de Jerez. En el fin de fiesta, se interpreta la rondeña.

1848. La Nena se presenta en Madrid, en el Teatro de la Cruz.

1848. Se anuncia en el Teatro San Fernando de Sevilla "el gracioso tango de negros".

1852. Se anuncia el Polo andaluz en el Teatro Principal de Jerez.

1853. Se anuncia en el Gran Teatro Tacón de La Habana "el nuevo jaleo de Jerez".

1853. Miracielos baila un "jaleo gitano" y Francisco Ruiz *el Jerezano* un zapateado en el Teatro Hércules de Sevilla.

1854. Se anuncia la rondeña en el Salón Oriente.

1860. Se anuncia la guajira en el Teatro Principal de Jerez.

1860. Se anuncia el "Nuevo zapateado de Cádiz".

1860. Se anuncia en Jerez *El jaleo de la viña.*

1860. Nace en Sevilla el maestro José Otero Aranda.

1861. Se anuncian en el Teatro San Fernando de Sevilla "jaleos andaluces", como "El baile español nuevo" y un baile español nuevo titulado *La zambra de jitanos.*

1862. Miracielos actúa en el Salón Oriente de Sevilla.

1862. Petra Cámara interpreta la *Soledad de Villegas* en el Teatro San Fernando de Sevilla. Le acompaña al cante Enrique Prado.

1862. Nacen en Cádiz Rosario Monge *la Mejorana* y Gabriela Ortega Feria.

1863. Se anuncia en el Salón Oriente de Sevilla la "soledá".

1864. Se anuncian "bailes flamencos", "juguetillos" y "panaderos" en el Salón Oriente.

1865. La Campanera baila el jaleo en el Salón Oriente.

1866. Se anuncia la "soleá" en el Teatro de Rioja de Sevilla. La interpreta la señorita Barrera.

1867. Se anuncian "juguetillos" (aranditos, panaderos y la romera) y "soledaes" en el Salón del Recreo de Sevilla. Los bailaron la gaditana Isabel Jiménez, la trianera Angustias Cruz, Antonio *el Pintor* y José García *el Quiqui.*

1867. Curro Durse baila el "tango americano" en el Teatro Principal de Jerez.

1868. La Campanera baila un "jaleo gitano" en el Teatro de Rioja de Sevilla.

1868. Nace en Cádiz Josefa Díaz Vargas *Pepa de Oro.*

1870. Se anuncia el jaleo de Cádiz en el Teatro Lope de Rueda de Sevilla.

1870. Nace en Jerez Juana Vargas de Las Heras *La Macarrona.*

1871. Silverio Franconetti se hace cargo de la dirección del Salón del Recreo.

1871. Nace en Jerez Juana Antúnez Fernández.

1874. Nace en El Puerto de Santa María Antonia Gallardo Rueda *La Coquinera.*

1877. Nacen Magdalena Seda Loreto *La Malena* en Jerez y Ángel Pericet en Aguilar de la Frontera (Córdoba).

1878. La Macarrona actúa en el Café de Silverio. Tenía 8 años.

1879. Nace en Jerez Juan Sánchez Valencia *El Estampío.*

1880. Silverio Franconetti y Manuel Ojeda, conocido como *el Burrero*, se quedan con el Salón del Recreo de Sevilla, que se conoce entonces como el Café de la Escalerilla.

1881. Manuel Ojeda se queda como único propietario del Café de la Escalerilla, que pasa a conocerse como el Café del Burrero.

1881. Silverio Franconetti abre el Café de Silverio en Sevilla.

1885. Nace en Sevilla el maestro Realito.

1887. Trinidad Huertas *la Cuenca* presenta en el Nuevo Circo de París un espectáculo titulado *La feria de Sevilla.*

1889. Juana *la Macarrona* se presenta en París, en el Gran Teatro de la Exposición.

1889. Muere en Sevilla Silverio Franconetti.

1895. Juana *la Macarrona* actúa en Berlín.

1897. Se abre en Sevilla el Café Novedades.

1900. La zambra de los Amaya participa en la Exposición de París y obtiene una Medalla de Oro.

1901. Pastora Imperio debuta en el salón Japonés de Madrid y Antonia Mercé en el Teatro de la Encomienda.

1902. Pepa de Oro se anuncia como la "aplaudida bailadora por tangos" y Antonio Ramírez como "el aplaudido bailador por tangos".

1904. Nace en Baeza Custodia Romero.

1904. El Estampío triunfa en Madrid con el baile de *El picaor.*

1905. Nace en Sevilla Francisca González Martínez *La Quica.*

1905. Vicente Escudero debuta en el Café de la Marina de Madrid.

1906. Nace en Cartagena Carmen Gómez *La Joselito.*

1906. Antonio *el de Bilbao* triunfa en el Café de la Marina de Madrid, bailando por alegrías.

1908. Tórtola Valencia debuta en el Teatro Gaity de Londres.

1909. Pastora Imperio debuta en La Habana.

1909. Nace en Sevilla Antonio García Matos *Antonio de Triana* y en Chiclana (Cádiz) Regla Ortega.

1910. José Otero participa en los actos que festejaron en Inglaterra la coronación del rey Jorge V.

1910. La Argentina interpreta *La Corrida* en el Moulin Rouge de París.

1910. Nace en Jerez Paco Laberinto.

1912. Nace en Cáceres Enrique *el Cojo* y en San Sebastián Pilar López.

1913. Nace en Barcelona Carmen Amaya.

1914. Se celebra en Londres la Exposición Anglohispana. En el Teatro Alhambra de Londres se presenta *Embrujo de Sevilla*, con La Argentina, Antonio *el de Bilbao*, Faíco y el maestro Realito en el reparto.

1914. Se anuncian en el Kursaal Central de Sevilla unas "tanguilleras granadinas".

1915. Se estrena *Gitanerías* de Manuel de Falla en el Teatro Lara de Madrid.

1916. Sergei Diaghilev presenta en Madrid sus Ballets Rusos.

1916. Nace en Jerez Rosa Durán.

1916. Miguel Borrull abre en Barcelona el Villa Rosa.

1917. Nace en Íscar (Valladolid) Mariemma.

1918. Nace en Sevilla Rosario y en Montorio (Italia) José Greco.

1919. Los Ballets Rusos de Diaghilev estrenan en Londres *El tricornio* de Manuel de Falla.

1919. Muere en Sevilla Gabriela Ortega.

1920. Vicente Escudero gana el Concurso Internacional de Danza, celebrado en el Teatro de la Comedia de París.

1921. Nace en Sevilla Antonio Ruiz Soler.

1921. Sergei Diaghilev estrena en París *Cuadro flamenco*.

1922. Muere en Madrid Rosario Monge *la Mejorana*.

1924. Vicente Escudero presenta su compañía en el Teatro Fortuny de París.

1924. Nace en Sevilla Alberto Lorca.

1924. Laura de Santelmo se presenta en el Teatro Olympia de París.

1925. La Argentina estrena *El amor brujo* en el Trianon Lyrique de París.

1925. Nace en Buenos Aires Juan Morilla.

1927. Nace en México Luisillo.

1928. La Argentina crea Les Ballets Espagnols.

1928. Rosario y Antonio debutan en el Teatro del Duque de Sevilla. Se les anuncia como Los Petits Sevillanitos.

1929. Rosario y Antonio actúan ante los reyes don Alfonso XIII y doña Victoria Eugenia en la Exposición Iberoamericana.

1929. Nace en Guayaquil (Ecuador) Rafael Aguilar y en Sevilla Maleni Loreto.

1929. Carmen Amaya actúa en el Teatro Palace de París.

1930. El presidente de la República francesa confiere a Antonia Mercé *la Argentina* el título de Caballero de la Orden Nacional de la Legión de Honor.

1930. Nace en Madrid Carmen Mora.

1931. Manuel Azaña, presidente de la República española, le impone a La Argentina el Lazo de la Orden de Isabel la Católica.

1931. Nace en Sevilla Fernanda Romero y en Utrera José de la Vega.

1931. Vicente Escudero es invitado a participar en el homenaje que se tributa en Londres a Ana Pawlova.

1931. Antonio y Rosario se presentan en el Teatro Fuencarral de Madrid con la compañía de Pastora Pavón y Pepe Pinto. Se anuncian como Los chavalillos sevillanos.

1932. La Quica, casada con Frasquillo, se instala en Madrid y el matrimonio abre una academia de baile en el Rastro.

1932. Nacen en Madrid Francisco Manzano Heredia, *Faíco*, en Cádiz Caracolillo y en Sevilla Rafael *el Negro*.

1932. Ángel Pericet abre en Madrid una academia de bailes.

1933. Laura de Santelmo estrena *El amor brujo* en el Gran Teatro del Liceo de Barcelona.

1933. La Argentinita presenta en el Teatro Español de Madrid *Las calles de Cádiz* y *Nochebuena en Jerez*.

1933. Nace en Madrid Victoria Eugenia.

1934. Rosa Durán debuta en la Sala Pelikán de Madrid.

1934. Nacen en Sevilla Salvador Távora y Manolo Marín.

1934. Muere Ignacio Sánchez Mejías tras recibir una cornada en la plaza de toros de Manzanares.

1934. Muere en Sevilla el maestro José Otero.

1934 Pilar López se presenta en el Teatro de la Comedia de Madrid, formando pareja con Rafael Ortega.

1935. Vicente Escudero presenta su versión de *El amor brujo* en el Radio City Music Hall de Nueva York.

1935. Se celebra en el Teatro Español de Madrid, por sugerencia de La Argentina, una función benéfica para recaudar fondos con los que publicar *Arte y artistas flamencos* de Fernando *el de Triana*.

1935. Muere en Sevilla Fernanda Antúnez.

1935. Nace en Sevilla Matilde Coral.

1936. Nacen en Elda (Alicante) Antonio Gades, en Pozuelo de Alarcón (Madrid) El Farruco y en Buenos Aires José Granero.

1936. Muere en Bayona La Argentina.

1936. Carmen Amaya debuta en el Teatro Maravillas de Buenos Aires.

1937. Rosario y Antonio debutan en el Teatro Maravillas de Buenos Aires.

1937. Nace en Córdoba Mario Maya, en Andújar María Rosa, en Sevilla Trini España, en Marsella La Chunga, en Palencia Ciro y en Buenos Aires Rafael de Córdova.

1938. La Argentinita se presenta en el Majestic Theatre de Nueva York.

1938. Mueren en Jerez Juana Antúnez y en Madrid Francisco Mendoza *Faíco.*

1938. Nace en Marsella Micaela Flores Amaya *La Chunga.*

1939. Vicente Escudero presenta una nueva versión de *El amor brujo*, formando pareja con María de Ávila, en Barcelona.

1939. Vicente Escudero estrena su seguiriya en el Teatro Falla de Cádiz.

1940. Nace en México Lucero Tena y en Madrid La Tati.

1940. La Argentinita actúa en el Metropolitan Opera House, junto al bailarín y coreógrafo ruso Léonide Massine.

1940. Antonio de Triana presenta su versión de *El amor brujo* en el Teatro Bellas Artes de México.

1940. Muere en Madrid Francisco León *Frasquillo.*

1940. Rosario y Antonio debutan en el Waldorf Astoria de Nueva York.

1941. Muere en Epson (Inglaterra) Félix *el Loco.*

1941. Vicente Escudero presenta *El amor brujo* en el Teatro Español de Madrid.

1941. Carmen Amaya debuta en Nueva York en el Beachcomber, un elegante cabaret con capacidad para mil personas.

1941. Nace en Sevilla Manuela Vargas.

1942. Pastora se retira de los teatros.

1942. Nace en Madrid El Güito.

1942. Carmen Amaya baila el taranto en el Carnegie Hall de Nueva York.

1943. Carmen Amaya actúa en el Hollywood Bowl de Los Angeles, un anfiteatro natural con más de 17.000 localidades.

1943. Nace en Granada Mariquilla y en Sevilla Manuel Soler.

1944. Rosario y Antonio actúan en el Carnegie Hall de Nueva York.

1944. Muere en Madrid Antonia Gallardo Rueda *la Coquinera.*

1944. Nace en Jerez Angelita Gómez.

1945. La Argentinita hace su última aparición pública en el Metropolitan Opera House de Nueva York.

1945. Muere en Nueva York La Argentinita.

1945. Nace en Granada Manolete.

1946. Antonio estrena en el Teatro Bellas Artes de México *El zapateado* de Sarasate.

1946. Pilar López presenta su propio ballet en el Teatro Fontalva de Madrid.

1946. Nace en Sevilla Cristina Hoyos.

1947. Carmen Amaya regresa a España.

1948. Mariemma estrena en la Ópera Cómica de París su versión de *El amor brujo* de Falla.

1948. Carmen Amaya se presenta en el Teatro de los Campos Elíseos de París y en el Prince Theatre de Londres.

1948. Nace en Madrid Sara Lezana y en Sevilla El Mimbre.

1949. José Greco alcanza sus primeros éxitos importantes en París.

1949. Rosario y Antonio se presentan en el Teatro Fontalva.

1949. Nace en Córdoba Blanca del Rey y en Sevilla Angelita Vargas.

1950. Luisillo forma con Teresa su propia compañía.

1950. Antonio recibe la Cruz de Caballero de Isabel la Católica.

1950. Mariemma recibe el Premio Nacional de Danza.

1950. Nace en Sevilla Merche Esmeralda.

1951. Vicente Escudero presenta su *Decálogo del baile flamenco.*

1951. Rosario hace su propia creación del taranto.

1951. Nace en Madrid José Antonio.

1952. Antonio pone baile al martinete.

1952. Antonio y Rosario bailan juntos por última vez en el Teatro Calderón de Barcelona.

1952. Nace en Sevilla Milagros Mengíbar y en Córdoba Concha Calero.

1953. La Quica baila ante los asambleístas de la Sociedad Imperial de Maestros de Baile de Inglaterra, en el Victoria Hall de Londres.

1953. Rosario debuta con su compañía en el Teatro Calderón de Barcelona.

1953. Se presenta el Ballet Español de Antonio, en el Festival Internacional de Música y Danza de Granada.

1953. Nace en Jerez Ana Parrilla.

1954. Se abre en Madrid el Tablao Zambra.

1954. Nace en Sevilla Ana María Bueno y en Las Cabezas de San Juan (Sevilla) Pepa Montes.

1955. Muere en Barcelona Tórtola Valencia.

1955. Mariemma crea su propia compañía. La denomina Mariemma Ballet de España.

1956. Se abre El Corral de la Morería en Madrid y El Guajiro en Sevilla.

1956. Nace en Lebrija (Sevilla) Concha Vargas.

1957. Pastora Imperio recibe el Lazo de Isabel la Católica.

1957. Muere en Madrid Juan Sánchez Valencia *el Estampío.*

1957. Nace en Barcelona Carmen Cortés.

1958. Pastora Imperio abre El Duende en Madrid.

1958. Rosa Durán baila en la Exposición Mundial de Bruselas.

1958. Antonio presenta *El sombrero de tres picos* de Manuel de Falla.

1958. Nace en Sevilla Manuela Carrasco.

1959. Nace en Córdoba Inmaculada Aguilar, en Mérida Juan Ramírez, en Madrid Raúl y en Denis (Francia) Joaquín Ruiz.

1960. Pilar López recibe la Medalla de Oro del Festival Internacional de Osaka (Japón).

1961. Nace en Sevilla Antonio Canales y en Madrid Alejandro Granados.

1962. Antonio recibe la Medalla de Oro de la Real Academia Inglesa de la Danza.

1962. Rosa Durán actúa en el Teatro de las Naciones de París, en donde recibe el Premio Internacional de Danza.

1962. Antonio Gades monta *El amor brujo* de Falla.

1962. Nace en Sevilla Carmelilla Montoya.

1963. Antonio recibe el Primer Premio de la Academia de la Danza de París y la Medalla de Honor de las Naciones Unidas.

1963. Muere en Bagur Carmen Amaya.

1963. Se abre Los Canasteros, dirigido por Manolo Caracol.

1963. Se estrena *El rango* de Rafael Aguilar.

1963. Nace en Alcalá de Guadaíra (Sevilla) Javier Barón, en Valencia Javier Latorre y en Sevilla María Pagés, Antonio Márquez y Lalo Tejada.

1964. Antonio recibe la Medalla de Oro de la Real Academia de la Danza de Suecia y la Medalla de la Feria Mundial de Nueva York.

1964. Rosa Durán recibe el Premio Internacional de Danza, en la Feria Mundial de Nueva York.

1964. Nace en Madrid Lola Greco.

1965. Pilar López recibe el Lazo de Dama de la Orden de Isabel la Católica y la Cruz de Oro de Bellas Artes del Instituto Internacional de Cultura de París.

1965. Se estrena *Don Juan* de Antonio Gades.

1965. Nace en Los Palacios (Sevilla) El Mistela, Adrián Galia en Buenos Aires y Diego Llori en Andújar.

1966. Antonio recibe la Medalla de Oro de la Escuela de la Danza de Moscú.

1966. Pilar López recibe la Medalla de Oro de Artes, Ciencias y Letras de la Academia Francesa.

1966. Nace en Nueva York Belén Maya y en Madrid María Vivó.

1967. Antonio recibe la Medalla de Oro de la Scala de Milán.

1967. Muere La Quica en Madrid.

1967. Flora Albaycín y Roberto Iglesias popularizan la serrana.

1967. Nace en Madrid Aída Gómez.

1968. Nace en Jerez Joaquín Grilo y en Morón Juana Amaya.

1969. El Farruco, Matilde Coral y Rafael *el Negro* forman el Trío Los Bolecos.

1969. Nacen en Córdoba Joaquín Cortés, en Sevilla Rafael de Carmen, Andrés Marín e Isabel Bayón, en Écija (Sevilla) Fernando Romero y en Jerez Manuela Carpio.

1970. Mario Maya, Carmen Mora y El Güito forman el Trío Madrid.

1970. Nace en Frankfurt (Alemania) Eva *la Yerbabuena* y en Jerez Antonio *el Pipa*.

1971. Antonio recibe el nombramiento de Comendador de la Legión de Honor de Francia.

1971. Nace en Cádiz Sara Baras, en Granada Beatriz Martín, en La Línea David Morales, en Cavueñas (Asturias) Belén Fernández y en Sevilla Marco Vargas.

1972. Fernanda Romero estrena *Oración de la tierra*.

1972. Se estrena *Quejío* de Salvador Távora.

1972. Nace en Tomares (Sevilla) Rafaela Carrasco.

1973. Antonio estrena una nueva versión de *El amor brujo*.

1973. Nace en Jerez María del Mar Moreno y en Sevilla Israel Galván.

1974. Nace en Sevilla Ángeles Gabaldón.

1974. Muere en La Carolina Custodia Romero y en Jerez Paco Laberinto.

1974. Se estrenan *Ceremonial* de Mario Maya, *Bodas de sangre* de Antonio Gades y *Oración en la tierra* de Fernanda Romero.

1975. Se estrena *Los Palos* de Salvador Távora.

1976. Mariemma recibe el Sagitario de Oro en Roma y es nombrada Miembro de Honor y presidenta del Comité Español del Consejo Internacional de Danza de la Unesco.

1976. Se estrena *Camelamos naquerar* de Mario Maya.

1977. Muere en Madrid Laura de Santelmo.

1977. Se estrenan *Herramientas* de Salvador Távora y *¡Ay, jondo!* de Mario Maya.

1978. Se crea el Ballet Nacional de España y se nombra a Antonio Gades su director artístico.

1978. Se estrena *Tocata y fuga de J. S. Bach* de Rafael de Córdova.

1979. Se retira Antonio.

1979. Muere en Madrid Pastora Imperio.

1979. Se estrenan *Fantasía galaica* de Antonio, *Diez melodías vascas* y *Fandango* de Mariemma, *Concierto de Aranjuez* de Pilar López, *Bodas de sangre* de Antonio Gades y *Andalucía amarga* de Salvador Távora.

1980. Muere en Barcelona Vicente Escudero y en Sevilla Alejandro Vega.

1980. Antonio sustituye a Antonio Gades al frente del Ballet Nacional.

1980. Se estrenan *Cancela* de José Antonio y *La casada infiel* de Antonio.

1981. Mariemma recibe la Medalla de Oro de las Bellas Artes.

1981. Muere en México Carmen Mora.

1981. Se estrenan *Variaciones flamencas, Desenlace* y *El Amargo* de José Antonio y *Retrato de mujer* de Rafael Aguilar.

1982. Se estrenan *Nana de espinas* de Salvador Távora, *Don Quijote* de Luisillo y *Diálogos del Amargo* de El Güito.

1983. María de Ávila es designada directora del Ballet Nacional de España.

1983. Se estrenan *El Amargo* de Mario Maya y *Macama jonda* de Rafael Aguilar.

1984. Enrique *El Cojo* recibe la Medalla de Oro de las Bellas Artes del Ministerio de Cultura.

1984. Se estrenan *Danza y tronío* de Mariemma, *Medea* de José Granero, *Ritmos* de Alberto Lorca, *Solo* de Victoria Eugenia y *Poemas y danzas de Andalucía* de Blanca del Rey.

1985. Muere en Sevilla Enrique *el Cojo*.

1985. Se crea el Ballet Español de Murcia.

1985. Se estrenan *Danza IX* de Granados de Mariemma, *Seis sonatas para la reina de España* de Ángel Pericet, *La piel de toro* de Salvador Távora, *Laberinto* y *Con mi soledad* y *Castilla* de José Antonio, *Alborada del gracioso* de José Granero, *Torero* de Ciro y *Mujeres de Aranjuez* del Ballet Español de Murcia.

1986. Se estrenan *Diquela de la Alhambra* de Rafael Aguilar, *A contraluz* de Carmen Cortés, *Las furias, La petenera* y *El sur* de José Granero, *El sombrero de tres picos* de José Antonio, *Flamenco puro* de El Farruco, y *Los Tarantos* y *Homenaje* de Felipe Sánchez.

1986. Se nombra a José Antonio director del Ballet Nacional.

1986. Muere en Madrid Regla Ortega.

1987. Se estrenan *Las bacantes* de Salvador Távora, *El amor brujo* de Mario Maya, *El loco romántico* de Enrique Morente, *Ausencias* de Paco Moyano y *Bolero* de Rafael Aguilar.

1988. Se estrenan *Alhucema* de Salvador Távora, *Flamenco-flamenco* de Carmen Cortés, *Tiempo, amor y muerte* de Mario Maya, *Yerma, Carmen* y *Matador* de Rafael Aguilar, *Zarabanda, Fandango de Soler* y *Soleá de Sanlúcar* de José Antonio, *Flamenco, esa forma de vivir* de Manuel Morao, *Flamenco de concierto* de Ricardo Miño, *Las hijas del alba* de Javier Latorre y *Fandango de Soler, Zarabanda* y *Soleá* de José Antonio, *Yo elegí el flamenco* de Yoko Komatsubara y *La amante* de José A. Camacho.

1989. Muere en El Paso (EEUU) Antonio de Triana.

1989. Se estrenan *Fuego* de Antonio Gades y *Don Juan* de José Antonio.

1990. Se estrenan *Fedra* de Manuela Vargas, *Crónica de una muerte anunciada* de Salvador Távora, *Tres movimientos flamencos* de Mario Maya, *Memoria del cobre, Cantoblepas* y *Candela* de Carmen Cortés, *Danza de amor y luna* de José Luis Ortiz Nuevo, *La leyenda* de Paco Moyano, *Sueños flamencos* de Cristina Hoyos, *Romance de luna* de José Antonio, *Chacona* de Victoria Eugenia y *Sol y sombra* de María Pagés.

1991. Se estrenan *Cantes de ida y vuelta* de Carmen Cortés, *Flamencos de la Trinidad* de Mario Maya, *El cielo protector* de Merche Esmeralda, *Parthenopea* de Marco Berriel y *A contratiempo* de Manolo Marín.

1992. Se estrenan *Picasso andaluz o la muerte del minotauro* de Salvador Távora, *Siempre flamenco* y *A ti, Carmen Amaya* de Antonio Canales, *Mediterráneo* de José Luis Ortiz Nuevo, *Sevilla* de Eduardo Rodríguez, *Flamenco soy* de Manolete, *Yerma* de Cristina Hoyos, *Pasión flamenca* de Blanca del Rey, *Reencuentros*, *Estamos solos* y *Camino sin retorno* de José Granero, *La vida breve*, *Albaicín* y *La gallarda* de José Antonio, *Azabache* de Gerardo Vera, *Tango* de María Pagés y *Engaño y jaleo* del Ballet Español de Murcia.

1993. Se crea el Centro Andaluz de Danza.

1993. Se hacen cargo del Ballet Nacional Aurora Pons, Victoria Eugenia y Nana Lorca.

1993. Muere en Madrid Faíco.

1993. Se estrenan *Leyenda* y *Cuentos del Guadalquivir* de José Granero, *Cibayí* de Joaquín Cortés, *En el Candela* de Joaquín Grilo, *El amor brujo* y *Los Gabrieles* de Carmen Cortés, *Elegía a Carmen Amaya* de El Güito, *A cuerda y tacón* y *Torero* de Antonio Canales, *Eco y Narciso* de Francisco López, *¡Mira qué flamenco!* de Javier Barón y Sara Baras, *Sadayacco en Barcelona* de Andrés Marín y *La diosa* de Manuela Carrasco.

1994. Mariemma es homenajeada con motivo del Día Internacional de la Danza y se le impone el Lazo de Dama de Isabel la Católica.

1994. Se crea la Compañía Andaluza de Danza y se nombra director a Mario Maya.

1994. Se estrenan *Identidades* de Salvador Távora, *Fuenteovejuna* de Antonio Gades, *A ritmo y compás* de Currillo y Mila de Vargas, *Antar* de Lola Greco, *La oración del torero* y *A mi aire* de Victoria Eugenia, *Cuentos del Guadalquivir* y *Leyenda* de José Granero, *Caminos andaluces* de Cristina Hoyos, *Jondo. La razón incorpórea* de Manuel Morao, *25 años caminando juntos* de Pepa Montes y Ricardo Miño, *Aires de villa y corte* y *Cachorro* de José Antonio, *De la luna al viento* de María Pagés, *Réquiem* y *De lo flamenco* de Mario Maya, *Madrí Jeré* y *Herejía de la llama* de La Tati, *¡Viva Cádiz!* de Andrés Marín y *El flamenco es vida* de Cristina Heeren.

1995. Pilar López recibe la Medalla de Oro de Andalucía.

1995. Rosario recibe la Medalla de Oro de las Bellas Artes.

1995. Mueren en Madrid Antonio y Rafael Aguilar.

1995. Se estrenan *A Federico* de Carmen Cortés, *Mujeres* de José Granero, *Movimiento perpetuo* y *Variaciones románticas* de José Granero, *¡Ay, flamenco!* de Andrés Marín, *Bailaora* de Ciro, *Narciso y Venus* de Antonio Canales, *Pasión gitana* de Joaquín Cortés, *Elementos* e *Imágenes* de José Antonio, *Elegía a Ramón Sitgé* de Ángel Rojas y Carlos Rodríguez, *Herencia flamenca* de Antonio *el Pipa* y *La Cenicienta* del Ballet Español de Murcia.

1996. Mariemma recibe el nombramiento de Chevalier de la Orden de las Artes y las Letras del Ministerio de Cultura de Francia.

1996. Se estrenan *Carmen* de Salvador Távora, *La gitanilla* de José Granero, *Yerma* de Carmen Cortés, *La raíz del grito* de Manuela Carrasco, *Raíces gitanas* de El Güito, *Mujeres* de Merche Esmeralda, *Cuadro flamenco* y *Arsa y toma* de Cristina Hoyos, *Lances del Arenal* de Javier Latorre, *Gitano* de Antonio Canales, *Por ahí te quiero ver* de Manuel Soler, *El perro andaluz. Burlerías* de María Pagés, *Arrieritos somos* de La Duna Danza, *La diosa en nosotras* de Belén Maya, *Romance* de Pedro Azorín y Juanjo Linares, *De joven arte flamenco* de Ricardo Franco, *Technia* del Ballet Español de Murcia, *Flamencos del Altozano*, *Homenaje a Albéniz* y *Concierto de Málaga* de Manolo Marín.

1997. Muere en Sevilla El Farruco.

1997. Se nombra a María Pagés directora de la Compañía Andaluza de Danza y unos meses después se hace cargo de ella José Antonio.

1997. Se estrenan *Todas las primaveras* de Merche Esmeralda, *Grito* de Antonio Canales, *Sones de bronce* de Manuel Morao, *Movimiento flamenco*, *Adiós nonaino* de Javier Latorre, *Salomé* de Carmen Cortés, *Bengues* y *Grito* de Antonio Canales, *Pájaro negro* de Javier Barón, *Ad libitum* de Pepa Montes y Ricardo Miño, *Solos en compañía* de Aída Gómez, *A vueltas con Cuba* de Eva *la Yerbabuena*, *Renacer* de Blanca del Rey, *El jaleo* de María Pagés, *La garra y el ángel* de Eva *la Yerbabuena* y Rafael Amargo, *Vivencias* de Antonio *el Pipa* y *Los gitanos cantan y bailan a Lorca* de Mario Maya.

1998. Muere en Barcelona Flora Albaicín y en Toulouse (Francia) Carmen *la Joselito.*

1998. Se nombra a Aída Gómez directora del Ballet Nacional de España.

1998. Se estrenan *La mar de flamenco. De Cádiz a Cuba* de Mario Maya, *Así que pasen cien años* de Carmen Cortés, *Huellas... Antología de un tiempo* de José Luis Ortiz Nuevo, *Errantes* de Manuel Morao, *De sol a luna* de Ricardo Franco, *Cosas de payos* de Javier Latorre, *Imágenes flamencas*, *Golpes da la vida*, *Malunó* y *Vals patético* de José Antonio, *Seis movimientos de baile flamenco* de Pepa Montes y Ricardo Miño, *Luz de alma*, *Poeta* y *Réquiem por Antonio* de Javier Latorre, *Mensaje* y *Silencio rasgado* de Aída Gómez, *La Tirana* de María Pagés, *¡Mira!* de Israel Galván, *Sensaciones* y *Cádiz, la isla* de Sara Baras, *Raíz* de Antonio Canales, *Solo, cortado y acompañado* de Fernando Romero, *A compás del poeta* del Ballet Español de Murcia, *Solo por arte* de Javier Barón, *A mi niña Manuela*, *Heridas al aire* y *Eva* de Eva *la Yerbabuena*, *Latido flamenco* de Manolete y *Sansueña* de José Joaquín.

1999. Muere en Madrid Rosa Durán.

1999. Se estrenan *Ciclos* de Merche Esmeralda, *Sentir gitano* de Manuel Morao, *Carmen*, *Elegía–homenaje a Antonio Ruiz Soler* y *Golpes da la vida* de José Antonio, *Racial* de Carmen Cortés, *Puro y jondo* de El Güito y Manolete, *Al compás del tiempo* de Cristina Hoyos, *Soul* de Joaquín Cortés, *Sueños* de Sara Baras, *Fuerza latina* y *A ciegas* de Antonio Canales, *Oripandó* de Isabel Bayón, Currillo, Adrián Galia e Israel Galván, *Pensando flamenco* de Adrián Galia, *Sevilla* y *Semblanzas* de Aída Gómez, *Después de Carmen* de Antonio Márquez, *Raza* de Lola y Carmela Greco, *Musa gitana* de Javier Latorre, *Un ramito de locura* de Javier Barón, *Generaciones* de Antonio *el Pipa*, *Abecedario* de Juan Antonio Maesso, *A compás* de Manuel Soler y *Eco flamencomorfológico de Johann Sebastian Bach* de Fernando Romero.

2000. Muere en Madrid Rosario.

2000. Se estrenan *Estamos solos* de José Granero, *Don Juan en los ruedos* de Salvador Távora, *Tormenta de arena* de Merche Esmeralda, *Tatuaje* y *Soleá, un son eterno* de Carmen Cortés, *Cenicienta*, *Prometeo*, *Mirabrazo*, *Bailaor* y *Soledad* de Antonio Canales, *Inventario de Henry Bengoa* de José Luis Ortiz Nuevo, *Colores* de Rafael de Carmen, *Nereidas* de Antonio Najarro, *A tiempo de fuego* del Ballet Español de Murcia, *Baile de hierro, baile de bronce* de Javier Barón, *Flamenco a bocajarro* de Blanca del Rey, *Infinitud de formas* de Pepa Montes y Ricardo Miño, *Juana la Loca* de Sara Baras, *Ambi–valencia* de Javier Latorre, *Jácara* de Joaquín Grilo, *Amargo* y *Tablao* de Rafael Amargo, *Jondo adonai* y *Así baila Sevilla* de Manuela Carrasco, *5 Mujeres 5* de Eva *la Yerbabuena*, *Metamorfosis* de Israel Galván, *Adir* de Belén Maya, *Puntales* de Antonio *el Pipa*, *Bachdaliana* de Fernando Romero, *Medea* de Pilar Távora, y *Ritmo* de María Serrano.

2001. Muere en Lancaster (EEUU) José Greco.

2001. Elvira Andrés se hace cargo del Ballet Nacional de España.

2001. Se estrenan *Fuenteovejuna* de Antonio Gades, *Mujeres* de Elvira Andrés, *Picasso: paisajes*, *Sombra* y *Dicótomo* de José Antonio, *Live* de Joaquín Cortés, *Preludio, zapateado y boda flamenca* de Antonio Márquez, *La casa de Bernarda Alba* de La Tati, *Pura pasión* de Cristóbal Reyes, *La cara oculta del Mediterráneo* del Ballet Español de Murcia, *Zincalí* de José Porcel, *De noche* de Joaquín Grilo, *Flamenco republic* de María Pagés, *Pura intención* de Javier Latorre, *Dharma* y *Flamenco de la Cava* de Eva *la Yerbabuena* y *Encuentros* de Alejandro Granados, Eva *la Yerbabuena*, Rafael Campallo e Isabel Bayón y *Salomé* de Aída Gómez.

2002. Se estrenan *A mi manera* de José Granero, *Estampío* de Elvira Andrés, *Entreverao* de Manolete, *La leyenda* de José Antonio, *Mariana Pineda* de Sara Baras, *Tierra adentro* de Cristina Hoyos, *Chanson flamenca, Las mil y una noches*, *Noche de café cantante* y *Minotauro* de Antonio Canales, *Orestes en Lisboa* de Francisco Suárez, *Ilusiones F.M.* de María Pagés, *A puerta abierta* de El Güito, *Mi camino* de Manolete, *Dime* de Javier Barón, *Rinconete y Cortadillo* de Javier Latorre, *Cal y sal* de Pepa Montes y Ricardo Miño, *Poeta en Nueva York* y *Troya Siglo XXI* de Rafael Amargo, *Voces y ecos* de Paco Peña, *La voz del silencio* de Eva *la Yerbabuena*, *Esencias. El mundo, el demonio y la carne* de Manuela Carrasco, *Galvánicas* de Israel Galván, *Del alma* de Isabel Bayón, *Color flamenco* de Fernando Romero y Alicia Márquez, *Más allá del tiempo* de Andrés Marín, *Aires de Levante* y *Suite española* del Ballet Español de Murcia, *Contrabandistas* de David Morales y *De Cai... el baile* de Antonio *el Pipa*, *Yo misma* de Juana Amaya, *Malena* de Hiniesta Cortés y *Bailografías* de El Mistela.

2002. Muere en Sevilla Manuel Soler.

2003. Se estrenan *Imágenes andaluzas para Carmina Burana* de Salvador Távora, *También muere el mar* de Carmen Cortés, *Tierra y fuego* de Antonio Canales y Manuela Carrasco, *Suite del agua*, *Taranto* y *Ojos verdes* de Antonio Canales, *Mis recuerdos 'A Pilar López'* de El Güito, *Yerma* de Cristina Hoyos, *Notas al pie* de Javier Barón, *De la memoria* de Fernando Romero y Alicia Márquez, *Flamenco in concert* de Paco Peña, *La música del cuerpo* de Rafaela Carrasco, *Inmigración* de Ángeles Gabaldón, *Alma vieja* de Farruquito, *Flamenco de cámara* de Belén Maya, *Penélope* del Ballet Español de Murcia, *Andanzas* de la Compañía Somorrostro Dansa Flamenc y *De la tierra* de Antonio *el Pipa*.

2004. Muere en Madrid Antonio Gades, en Sevilla Juan Morilla y en Jerez Ana Parrilla.

2004. Se nombra a Cristina Hoyos directora de la Compañía Andaluza de Danza, que cambia su nombre por el de Ballet Flamenco de Andalucía.

2004. Se vuelve a nombrar a José Antonio director del Ballet Nacional de España.

2004. Se estrenan *La Celestina* y *Los cuatro elementos* de Carmen Cortés, *Un, dos, tres, faa...* de Mario Maya, *De amor y odio* de Joaquín Cortés, *A cuatro voces* y *A cal y canto* de Eva *la Yerbabuena*, *Asimetrías* de Andrés Marín, *Diálogos alrededor del reloj* y *Carmen, Carmela* de Antonio Canales, *Réquiem flamenco* de Paco Peña, *Flamenco y punto* de Javier Barón, *Los tarantos*, *El Loco* y *Triana, en el nombre de la Rosa* de Javier Latorre, *Café de Chinitas* y *El sombrero de tres picos* de José Antonio, *Colores* de Elvira Andrés, *Los caminos de Lorca* del Centro Andaluz de Danza, *Canciones para antes de una guerra* de María Pagés, *Pasión y ley* de Antonio *el Pipa*, *Enramblao* de Rafael Amargo, *Torero al.lucinogen* y *Arena* de Israel Galván, *Fuera de los límites* de Belén Maya y Rafaela Carrasco, *Tiempo* y *Formas y movimientos* de Joaquín Grilo, *La mujer y el pelele* de Isabel Bayón, *Tronío* de Manuela Carrasco, *Abanicos bajo el agua* de Hiniesta Cortés, *Don Juan flamenco* de Rafael Campallo, *Bailaora* de Pepa Montes, *Romancero gitano* de Francisco Suárez, *Sevilla, concierto flamenco a su memoria* y *Lo que el tiempo da, lo que el tiempo quita, lo que el tiempo pone* de José Luis Ortiz Nuevo y *Carmen Amaya. Evocaciones de Juana Amaya.*

2005. Se estrenan *Una mirada del flamenco* de Rafaela Carrasco, *Espartaco* de José Porcel, *Yerma Máter* de Salvador Távora, *Dibujos* de Belén Maya, *Sangre de Edipo* de Antonio Canales, *D.Q. Pasajero en tránsito* de Rafael Amargo y *De tablao* de Antonio "el Pipa".

2006. Fallece José Granero. Manuela Vargas recibe la Medalla de Oro del Mérito a las Bellas Artes. Se estrenan *Canciones para después de una guerra* de María Pagés, *La puerta abierta* de Isabel Bayón, *El alba del último día* de Andrés Marín, *El huso de la memoria* de Eva Yerbabuena, *Tábula rasa* de Israel Galván, *Alma* de Ángel Rojas y Carlos Rodríguez, *Belmonte, la danza hecha toreo* de Rubén Olmo, *Chanta la mui* de Olga Pericet, Marco Flores y Daniel Doña y *Juncá* de Mercedes Ruiz.

2007. Mueren Manuela Vargas y Luisillo. Se estrenan *Meridiana* de Javier Barón, *Tejidos al tiempo* de Asunción Pérez "Choni", *Puertas adentro* de Antonio el Pipa, *Solo* de Israel Galván, *Femenino plural* y *Volantes de jondura* de Ángeles Gabaldón, *Flamenco XXI. Ópera, café y puro* de Rafael Estévez y Nani Paños, *El aire de Cádiz* de Rosario Toledo y Almario y *Por el decir de la gente* de Rocío Molina.

2008. Fallecen Mario Maya, Alberto Lorca, Mariemma y Pilar López. Se estrenan *Autorretrato* de María Pagés, *Tórtola Valencia* de Isabel Bayón, *Oro viejo* de Rocío Molina, *Timetable o el tiempo inevitable* de Marco Vargas y Chloé BrOlé-Dauphin, *El cielo de tu boca* de Andrés Marín, *Pinocchio* de Ruben Olmo, *Vamos al tiroteo* de Rafaela Carrasco, *El final de este estado de cosas, redux* de Israel Galván y *En sus trece* de Manuel Liñán, Marco Flores y Olga Pericet.

2009. Muere Trini España.

ÍNDICE